W0236606

Rainer Wendt

DEUTSCHLAND
WIRD ABGEHÄNGT

Rainer Wendt
DEUTSCHLAND WIRD ABGEHÄNGT
Ein Lagebericht

Bibliografische Information der Deutschen Nationalbibliothek
Die Deutsche Nationalbibliothek verzeichnet diese Publikation in der Deutschen National-
bibliografie. Detaillierte bibliografische Daten sind im Internet über http://dnb.d-nb.de ab-
rufbar.

Für Fragen und Anregungen
info@rivaverlag.de

Originalausgabe
1. Auflage 2019
© 2019 by riva Verlag, ein Imprint der Münchner Verlagsgruppe GmbH
Nymphenburger Straße 86
D-80636 München
Tel.: 089 651285-0
Fax: 089 652096

Redaktion: Dr. Annalisa Viviani
Umschlaggestaltung: Marc-Torben Fischer
Umschlagabbildung: Harry Schnitger
Satz: Daniel Förster, Belgern
Druck: GGP Media GmbH, Pößneck
Printed in Germany

ISBN Print 978-3-7423-0704-0
ISBN E-Book (PDF) 978-3-7453-0291-2
ISBN E-Book (EPUB, Mobi) 978-3-7453-0292-9

Weitere Informationen zum Thema finden Sie unter

www.rivaverlag.de

Beachten Sie auch unsere weiteren Verlage unter www.m-vg.de.

INHALT

Kapitel 4
Die Welt retten oder zu Hause für Ordnung sorgen?

VORWORT

Jedes Jahrhundert hinterlässt seine Spuren. Um unsere Spuren zu verfolgen, werden unsere Nachfahren keine dicken Geschichtsbücher wälzen müssen. Sie werden vermutlich nur eine App oder ein Lernprogramm nutzen, deren Funktion wir heute noch gar nicht erahnen können. Aber sie werden genau wissen, welche Entscheidungen wir getroffen oder unterlassen haben und wie das zustande gekommen ist, was wir ihnen hinterlassen haben. Und sie werden richtig sauer auf uns sein. Und zwar mit Recht.

Deutschland ist ein großartiges Land. Seit mehr als 70 Jahren herrscht Frieden, die meisten Menschen genießen einen stabilen Wohlstand in Freiheit und sozialer Sicherheit. Grund genug also, glücklich zu sein.

Wer schimpfen, kritisieren oder einfach nur meckern will, tut das, so laut er will. Wer aussteigen will, darf auch das – es gibt jede Menge Freiheiten, die durch die Verfassung garantiert sind. Das Ansehen unseres Landes in der Welt ist hoch, die deutsche Einheit ist vollzogen, viele Landschaften blühen nachweislich auch im Osten unseres Landes.

Und dennoch nimmt Bundestagspräsident Wolfgang Schäuble eine »düstere Stimmung« in der Bevölkerung wahr. Und er hat recht, wenn er feststellt, dass viele Menschen Angst davor haben, dass es ihren Kindern und Enkeln schlechter gehen werde als uns. »Gerade weil wir so viel Glück hatten«, stellt er fest, »müssen wir doch alles tun, das Erreichte an unsere Nachfahren weiterzugeben.« Aber tun wir das?

Zweifel sind angebracht. Einige befreundete europäische Staaten sind auf Distanz zu uns gegangen. Sie können die Überheblichkeit deutscher Politik nicht mehr ertragen. Ständige Belehrungen, Kritik und Ermahnungen, die moralische Überhöhung getroffener Entscheidungen wider alle Vernunft, schon in der Gegenwart muten wir unseren Verbündeten eine Menge zu.

»Wer nichts im Boden hat, muss was in der Birne haben!«, plädierte der bekannte Innenpolitiker Wolfgang Bosbach in unzähligen Reden nachdrücklich für eine exzellente Bildung. Nur so könne ein rohstoffarmes Land wie die Bundesrepublik gegen die zunehmende wirtschaftliche Konkurrenz aus aller Welt bestehen. Deshalb müssen unsere Kinder die beste Schulbildung und zukunftsweisende berufliche Ausbildung und Studienmöglichkeiten haben. Sonst werden wir einen Absturz unseres Wohlstands erleben. Wie sieht denn die Wirklichkeit aus?

»Kathedralen unserer Gesellschaft« sollen unsere Schulen, Kindertagesstätten und andere Bildungseinrichtungen sein. In Wahrheit herrscht dort an vielen Orten Angst. Ein Brandbrief des Lehrerkollegiums oder der Elternschaft jagt den nächsten und bleibt in der schwerfälligen Bürokratie der Schulverwaltung ungehört, wird in Kultusministerien gar ignoriert. Baulicher Verfall und der Verlust elementarer Regeln des Zusammenlebens finden sich nahezu überall. Mobbing, Menschenverachtung, Kriminalität und Gewalt – viele Schulen sind ein unsicherer, ja gefährlicher Bereich geworden.

Die vielfach bewunderte öffentliche Verwaltung in Deutschland war immer ein wichtiger Standortfaktor für unseren Wohlstand. Aber auch dieser Pfeiler gesellschaftlicher Stabilität, Rechtsstaatlichkeit und öffentlicher Ordnung im Staat droht zu kollabieren. Die jahrzehntelange Vernachlässigung der Substanz macht sich dramatisch bemerkbar, voller Hektik versucht die Politik, in kürzester Zeit zu reparieren, wovor sie jahrzehntelang fahrlässig die Augen verschlossen hat.

Die Bundesländer stehen sich in erbitterter Konkurrenz um die besten Bewerberinnen und Bewerber gegenüber, Pläne werden geschmiedet, Ziele formuliert. Und wie durch Zauberhand herbeigeschafft, stehen plötzlich erhebliche finanzielle Mittel bereit, um die Folgen der Versäumnisse in der Vergangenheit einigermaßen abzumildern. Und trotz aller Bemühungen wartet ein gigantischer Berg an

Vorschriften, Institutionen, Hemmnissen und juristischen Fallstricken darauf, überwunden zu werden. Während die Infrastruktur zusehends verfällt, gibt es immer wieder jemanden, der Bedenken hat und genau weiß, warum etwas nicht geht. Wir sind ein Land von Bedenkenträgern geworden.

Digitalisierung und Vernetzung von Informationen sind der Schlüssel zum künftigen Wohlstand. Aber werden unsere Nachfahren nicht in Wahrheit auf eine digitale Wüste in einem Land treffen, das längst den Anschluss verloren hat? Für einige Menschen mag das nicht weiter schlimm sein. Manche wollen wieder auf den Bäumen leben, da braucht es weder Strom noch Digitalisierung.

Aber sehr wahrscheinlich wollen die meisten Menschen im nächsten Jahrhundert doch lieber den Anschluss zum zivilisierten Teil ihrer Gattung halten. Zumal man spätestens im Alter, wenn die ersten Gebrechen auftreten, das warme Bett eines funktionierenden Krankenhauses bevorzugt, mit medizinischem Fachpersonal und bestmöglicher Betreuung. Und natürlich mit Beitragszahlern, die das alles finanzieren.

Unser Sozialstaat ist gut ausgebaut. Ein reiches Land wie Deutschland kann sich viel leisten. Das tun wir auch. Aber unendlich sind die Möglichkeiten nicht. Sehr wahrscheinlich werden unsere Enkelkinder und ihre Nachfahren einmal richtig wütend darüber sein, wie verantwortungslos und leichtfertig unser Land seinen Reichtum in guten Zeiten verprasst hat.

Unsere Demokratie findet immer weniger Anhänger. Sie wird, wenn nicht offen bekämpft, mehr oder weniger freundlich ignoriert. Ihre Repräsentanten sind entschwebt in die parlamentarische Parallelwelt der Ausschüsse, Arbeitskreise, Gipfelgespräche oder Koalitionsrunden. Politikwissenschaftler Yascha Mounk lehrt politische Theorie und vergleichende Politikwissenschaft an der Harvard University und hält den Zustand der Demokratie in den USA und Europa für sehr besorgniserregend. Besonders die Krise der liberalen Demokratie treibt ihn um. Darüber hat er auch ein Buch geschrieben, das den Titel trägt *Der Zerfall der Demokratie*. Der Respekt vor Minderheiten, der Schutz unserer Freiheitsrechte, das liberale Element des demokratischen Rechtsstaates gerät in Gefahr, stellt er fest. Politiker bezeichnet er als »Teil einer Elite, die vom Großteil der Menschen relativ abgeschottet lebt«. Gleichzeitig beklagt er den Ausschluss von gesellschaftlich relevanten Entscheidungen aus dem »demokratischen Politikgeschäft«.

Welche Art von Demokratie hinterlassen wir also künftigen Generationen – und hinterlassen wir ihnen überhaupt eine? Wann beginnen wir, Vorkehrungen dafür zu treffen, dass die Feinde unserer rechtsstaatlichen und freiheitlichen Ordnung keinen Erfolg haben?

Schon jetzt beeinflussen Gewalt und Kriminalität die Freiheit vieler Menschen. Nicht die Freiheit der Reichen, die sich abgrenzen, abschotten und mit großer Leichtigkeit über Toleranz, Weltoffenheit und Vielfalt schwadronieren. Nicht diejenigen, die abgesondert in gehobenen Wohnvierteln leben, in denen sie nichts vom gefährlichen Alltag derjenigen mitbekommen, die spätabends öffentliche Verkehrsmittel benutzen müssen.

Aber für die, die im täglichen Leben »ihre Frau« oder »ihren Mann« stehen und nicht im Dienstwagen hinter die Mauern der eigenen Villa gefahren werden, ist Angst um die persönliche Sicherheit und die der Familie zum ständigen Begleiter geworden.

Parallelwelten sind seit Jahrzehnten etabliert, kriminelle Banden beanspruchen beispielsweise in Berlin und in Nordrhein-Westfalen ganze Stadtteile für sich und bekriegen sich gegenseitig. Der Rechtsstaat hat für sie keine Gültigkeit mehr, es gelten eigene Regeln. Frauenverachtung, Antisemitismus, Rassismus und dramatischer Autoritätsverfall des Staates gehören in manchen Gebieten längst zur deutschen Lebenswirklichkeit.

Es darf uns nicht egal sein, welches Land wir späteren Generationen überlassen. Es reicht nicht, dass wir unsere Freiheit und unseren Wohlstand in der Gegenwart genießen. Wir brauchen gute Politik, kluge Entscheidungen und zukunftsweisendes Handeln, damit Deutschland auch in Zukunft leistungsstark und lebenswert ist.

Viel Zeit ist schon vergangen, ohne dass auch nur Ansätze einer derartigen Politik sichtbar werden. Die Zeit läuft uns davon, und die Menschen haben auch in den nächsten Jahrzehnten das Recht auf ein menschenwürdiges Leben, auf Freiheit, Demokratie, Wohlstand und Sicherheit.

Missstände und Fehlentwicklungen der Vergangenheit und Gegenwart sind vielfach beschrieben worden. In diesem Buch soll es auch darum gehen, den dringend notwendigen Blick in die Zukunft zu richten. Nicht nur bis zum nächsten Wahltermin oder Parteitag, sondern in die Zeit nach uns.

Denn wir tragen nicht nur für unsere Gegenwart Verantwortung.

KAPITEL 1

RECHTSSTAAT AM LIMIT – JEDER GEGEN JEDEN, VEREINT GEGEN DEN STAAT

Die Bevölkerung hat die Nase voll von Belehrungen und Beschwichtigungen. Schluss mit den Versprechungen, jetzt zählen nur noch Taten. Alleingelassen, vernachlässigt und kaputtgespart sind weite Teile des Staates, es brennt an allen Ecken, Deutschland ist erschöpft und ausgezehrt.

Und jetzt wollen ihn plötzlich alle, den starken Staat. Es dämmert in vielen Regierungszentralen, dass es so nicht weitergehen kann. Die Polizei braucht mehr Personal, die Justiz, der Strafvollzug, die Ordnungsämter und viele andere Behörden auch. Und zwar alle auf einmal.

Technik und Modernisierung sollen her. Und die Härte des Rechtsstaats. Und konsequentes Handeln. Und zwar sofort.

Zumindest Teile der Politik sind aus dem Wachkoma vergangener Jahrzehnte erwacht, Innere Sicherheit hat Hochkonjunktur, der Staat entdeckt seine Beschäftigten und will stark werden.

Doch so einfach wird es nicht gehen und schnell schon mal gar nicht. Vielleicht ist es auch schon zu spät.

Krieg gegen unser Gemeinwesen: Die harte Realität

Es gibt keine Tabus mehr, Zurückhaltung war gestern. Die Einsätze von Polizeikräften, Rettungsdiensten oder Feuerwehrleuten werden gefährlicher, die Gewalt brutaler. Der Angriff ist oft unvorhersehbar, die Situation eigentlich alltäglich, wenn die Gewalt explodiert, Tritte und Kopfstöße, Faustschläge und Bisse, Messer, Knüppel oder Macheten werden gezückt.

Ich hab ihn nicht kommen sehen. Wie aus dem Nichts krachte die Faust gegen meinen Kopf, explodierte an meinem rechten Ohr, zertrümmerte meine Brille und ließ mich fast ohnmächtig werden vor Schmerz.

Und plötzlich lag ich am Boden und spürte schon eine Sekunde später den Tritt in den Bauch, der mir den Atem nahm, gegen den Kopf, den Rücken. Und wieder und wieder der stechende Schmerz von Tritten und Faustschlägen, die mich im Sekundentakt trafen und vor Schmerz zusammenzucken ließen.

Du musst den Kopf schützen, der blitzartige Gedanke ließ mich zusammenkauern, um ihn mit den Händen und Oberarmen vor den Stiefeln abzuschirmen, die mich ins Gesicht, an die Schläfe und gegen meinen Kiefer trafen. An Gegenwehr war nicht zu denken, wir hatten wohl sofort verloren, mein Kollege selbst in den Überlebenskampf mit zwei weiteren Schlägern verwickelt.

Gellende Schmerzen am ganzen Körper und Tritte, die nicht aufhören wollten. Ich spürte nicht, wie zwei Finger brachen, als die Stiefelspitze mich mitten ins Gesicht traf, das ich mit den Händen hatte schützen wollen. Auch nicht, wie mehrere Zähne abbrachen, zwei Rippen splitterten und das Blut spritzte.

Ich weiß gar nicht mehr, ob ich geschrien habe, kein klarer Gedanke, nur Überleben, nur noch Reaktion, instinktiv und wehrlos, Schmerzen, Blut und diese Tritte, die erst endeten, als von weitem das Signal von Streifenwagen zu hören war.

Der Angriff hatte nicht mehr als eine Minute gedauert, und doch hat er mein Leben verändert. Meine Zuversicht, meine Liebe zum Beruf, mein Vertrauen und meine Fröhlichkeit. Es ist nicht mehr wie früher. Wird es wohl auch nicht mehr.

AGNES Z., POLIZEIOBERMEISTERIN

Im Jahr 2017 wurden bundesweit 74 403 Einsatzkräfte der Polizei als Opfer von Gewalttaten erfasst, bei insgesamt 36 441 versuchten oder vollendeten Delikten. In keinem deutschen Bundesland wurden weniger als 1000 Einsatzkräfte der Polizei als Opfer erfasst. Rund ein Drittel der Delikte (28,2 Prozent) sind Körperverletzungsdelikte, 86-mal registrierten die Behörden versuchte Tötungsdelikte. Dabei wurden fünf Beamte getötet.

Opfer der Gewaltorgie gegen den Staat sind über die Polizei hinaus nahezu alle Menschen, die in irgendeiner Weise für unser Gemeinwesen arbeiten und für andere da sind: Lehrerinnen und Lehrer, Pflegepersonal in Krankenhäusern, Beschäftigte in Jobcentern und Finanzbehörden, Zugbegleitpersonal in den Bahnen oder Kommunalbeschäftigte in Rathäusern und Bürgerzentren. Was wir erleben, ist ein nie gekanntes Ausmaß an Staatsverachtung und Gewaltbereitschaft.

Manchmal sucht man den typischen Staatsverächter und Gewalttäter, der die Beschäftigten attackiert, in Milieus von Extremisten, in sozial schwachen Gesellschaftsschichten oder in kriminellen Clans, die naturgemäß nichts mit der Polizei oder der Justiz zu tun haben wollen. Das ist nicht falsch, aber leider völlig unzureichend.

Täter von allen Seiten

Eine Ruhestörung, ein Verkehrsunfall, eine Personenkontrolle oder ein Hilfeersuchen – urplötzlich eskaliert die Lage, häufig mit brutalen Faustschlägen, Tritten oder gar Waffenanwendung. Nicht bei Fußballspielen oder Demonstrationen erfolgen die meisten Angriffe, wie manche Fernsehbilder suggerieren. Mehr als 80 Prozent aller Attacken sind im täglichen Einsatz, etwa im Streifendienst zu verzeichnen. Die Täter kommen von überallher, aus der Mitte der Gesellschaft. Der Respekt vor den Personen, die den Staat repräsentieren und für ihn arbeiten, geht gegen null, die aufgestaute Wut ist spürbar. Manche Täter entstammen dem bürgerlichen Milieu, sie sind nicht ungebildet, durchaus wohlhabend und gesellschaftlich anerkannt. Sie treten den Einsatzkräften sofort rechthaberisch, bedrohlich und lautstark entgegen und sind nicht gewillt, staatliches Handeln zu akzeptieren. Sie scheuen auch nicht davor zurück, mit Drohungen und Beleidigungen, aber auch mit Tätlichkeiten gegen die Ordnungskräfte vorzugehen.

Für andere ist die Auseinandersetzung mit dem Staat und der Polizei der »bewaffnete Kampf gegen das System«, das sie zwar ernährt, von ihnen aber gleichzeitig massiv bekämpft wird. Extremisten von links und rechts haben Hochkonjunktur. Die Spaltung der Gesellschaft und die Polarisierung der mittlerweile aggressiven politischen Auseinandersetzung lassen die verschiedenen Gruppen hart aufeinanderprallen. Die Gewaltbereitschaft ist überall hoch, und sie richtet sich auch gegen die Polizei. Die Angriffe werden durch abstruse Theorien legitimiert, das Internet ist voll linker und rechter Spinnereien und Gewaltfantasien.

Großfamilien aus dem arabischen Raum, die seit Jahrzehnten in Parallelgesellschaften leben, fordern mit Drohungen und Gewalt den öffentlichen Raum für sich und »ihre Regeln« ein. Der deutsche Staat wird als Autorität nicht respektiert, mehr noch, er wird aktiv bekämpft. Seit einiger Zeit sind auch Clans aus dem Balkan hinzugekommen, ebenfalls Großfamilien, deren Oberhäupter das Kriegshandwerk gelernt haben.

Auch manche der seit 2015 nach Deutschland Geflüchteten beteiligen sich an gewalttätigen Angriffen. Rechtsstaatliches Verhalten der Polizei wird als Schwäche und Rückzug wahrgenommen. Ein völlig überzogenes Anspruchsdenken, das nicht sofort erfüllt wird, führt unmittelbar zu Gewalt und Aggression. Und während die Sanktionen des Strafrechts bereits von vielen Bundesbürgern für wenig beeindruckend gehalten werden, wirken sie auf Menschen aus anderen Rechtskulturen oft läppisch.

In der gesellschaftlichen Diskussion werden als »No-go-Areas« vermeintlich »rechtsfreie« Stadtgebiete mit erhöhter Kriminalität bezeichnet, in denen die Polizei sich angeblich zurückhält oder gar Angst hat einzuschreiten. Das ist falsch. Selbstverständlich gehen die Einsatzkräfte überallhin, wo sie gebraucht werden und wo andere sich längst aus dem Staub gemacht haben. Aber der Aufwand an Eigensicherungsmaßnahmen hat sich in den vergangenen Jahren beträchtlich erhöht.

Auch Frauen in Uniform sind Angriffsziele; Rücksichtnahme nicht erkennbar. Faustschläge, Waffengewalt, Tritte gegen den Kopf und den Körper, die weiblichen Beschäftigten von Polizei und Rettungskräften sind wie ihre männlichen Kollegen auch in alltäglich erscheinenden Situationen plötzlich in Lebensgefahr und müssen sich ihrer Haut wehren.

Die Pflicht zur Stärke

Alle Schritte zur Abwehr von Gewalt gegen die Polizei und Rettungsdienste oder zur Minderung ihrer Folgen müssen unzureichend bleiben, wenn ihre Ursachen nicht aufgespürt und beseitigt werden. Sosehr die Symptome behandelt werden können, wird unsere Gesellschaft nicht umhinkönnen, einen neuen Konsens unseres Zusammenlebens zu finden.

Erziehung zu Respekt, Toleranz, aber auch Rechtstreue, Vertrauen und Anerkennung für den Staat und die Menschen, die für ihn tätig sind, sind unabdingbare Voraussetzungen dafür, dass sich etwas ändert.

Wenn schon Kinder und Jugendliche dazu erzogen werden, jegliche staatliche Autorität und alle ordnungsstiftenden Regeln möglichst zu ignorieren oder gar aktiv zu bekämpfen, müssen wir uns über ein Mehr an Gewalt nicht wundern. Vielleicht sollten sich darüber auch Eltern klarwerden, die ihren Kindern vom ersten Schultag an beibringen, dass das Lehrpersonal ihnen nichts zu sagen hat und sie ihre Regeln selbst aufstellen dürfen. Sie machen es weder ihren Kindern noch denjenigen, die ihnen Bildung und Erziehung vermitteln sollen, einfach.

Und es ist sicher auch nicht unangemessen, einige Eltern wieder an ihre Verpflichtungen zu erinnern, nämlich ihrem Nachwuchs die Grundregeln von Anstand, Respekt und gutem Benehmen beizubringen. Wenn Eltern nicht die Grundlagen guter Erziehung vermitteln, können die Lehrkräfte es niemals schaffen.

Unser Staat muss in seinen eigenen Strukturen so stark und belastbar werden, dass seine Menschen ihn wieder als präsent und durchsetzungsstark erleben. Wenn nur noch Agenturen, gewinnorientierte Unternehmen, nichtstaatliche Organisationen, Trägervereine oder private Gruppierungen auftreten, um unser Gemeinwesen zu gestalten, ist dies das Gegenteil vom »starken Staat«.

Das fängt bei einer ausreichenden Anzahl staatlich Beschäftigter in unseren Rathäusern, Bildungs- und Sozialeinrichtungen, Krankenhäusern, Pflegeheimen oder dem öffentlichen Nahverkehr an. Es setzt sich fort über angemessene Verwaltungspräsenz auch in ländlichen Regionen und führt zu gut ausgestatteten Kitas, Schulen, Justizgebäuden und solchen der Sicherheitsinfrastruktur.

Kiffen, Klauen, Schuleschwänzen – das sind die Klassiker am Beginn krimineller Karrieren. Wenn der Staat nicht frühzeitig und konsequent eingreift, werden Polizei und Justiz solche Verhaltensweisen kaum verhindern können.

Das Landesamt für Aus- und Fortbildung und Personalangelegenheiten Nordrhein-Westfalen (LAFP NRW) hat in einem Arbeitspapier die Sache auf den Punkt gebracht: »Keinesfalls darf es dazu kommen, dass die Polizei NRW in der Öffentlichkeit in eine ›Opferrolle‹ gedrängt wird oder als ›Opfer‹ wahrgenommen wird. Damit wäre das fatale Signal verbunden, dass die Polizei nicht mehr in der Lage ist, ihren Schutzauftrag umfassend zu erfüllen.« Und das LAFP NRW folgerte richtig:»Die Polizei NRW muss an Konsequenz, Stabilität, Führungsstärke und Robustheit deutlich zulegen!«

Bleibt zu hoffen, dass die Verantwortlichen die Analyse ernst nehmen und Ausbildung wie Trainings auf die längt nicht mehr neue Lage ausgerichtet werden. Es ist ernster denn je, die Gefahren wachsen.

Der Staat hat kein Recht auf Schwäche, er hat die Pflicht zur Stärke. Aber davon ist er derzeit weit entfernt.

Clankriminalität auf dem Vormarsch: Der Rechtsstaat macht schlapp

»Machen wir doch einmal einen ›Clan-Gipfel‹« – darauf hat Deutschland gewartet. Nachdem in unserer Hauptstadt der Intensivtäter Nidal R. auf offener Straße hingerichtet wurde, kam dem Innensenator der Stadt, Andreas Geisel, diese zündende Idee.

Die verband er dann auch gleich mit dem Vorschlag, dass in den Bezirken und Bezirksämtern Strukturen aufgebaut werden sollen, um die Zusammenarbeit der Behörden untereinander zu stärken. Und natürlich wird es wohl auch bald ein »Clan-Abwehrzentrum« geben, das sich um ganz konkrete Fälle aus dem Milieu kümmern soll. Künftig sollen Mitglieder arabischer Familienclans also nicht mehr mit schnellen Autos unbeanstandet durch Berlin fahren, sondern sofort nach jedem Regelverstoß die harte Hand des Staates spüren.

Gipfelpolitik ist in Deutschland sattsam bekannt. Islam-Gipfel, Diesel-Gipfel, Wohnungs-Gipfel, Pflege-Gipfel, Migrations-Gipfel – ganz zu schweigen von den 4er-, 7er- oder 20er-Gipfeln, sie laufen immer nach dem gleichen Muster ab.

Schon die Ankündigung suggeriert politisches Interesse und konkrete Handlungsfähigkeit. Meistens kommen Papiere dabei heraus, die irgendwelche Ziele beschreiben. Dabei wird regelmäßig penibel darauf geachtet, dass die Zeit der Zielerreichung außerhalb der Amtszeit derjenigen liegt, die sie vereinbart haben. Allerdings müssen sie noch irgendwie wahlkampftauglich sein, damit sie überhaupt irgendeinen Zweck erfüllen.

»Gibt es ein Lagebild im Sinne der Polizeidienstvorschrift 100 zur Lage der Bandenkriminalität in Berlin?«, so die Frage eines Abgeordneten an denselben Senator im vergangenen Jahr. Seine Antwort: »Nein. Es gab seit dem Jahr 2000 kein Lagebild zu Bandenkriminalität.« Mit anderen Worten: Der Senator weiß es einfach nicht. Schlimmer noch: Er will es offenkundig auch gar nicht wissen; denn sonst hätte er ein Lagebild in Auftrag gegeben, wie es sein nordrhein-westfälischer Amtskollege längst getan hat.

Seit den 1980er-Jahren treiben sogenannte arabische Familienclans in Berlin, Bremen, dem Ruhrgebiet und anderen Metropolen ziemlich ungehindert ihr Unwesen. Sie haben ihre Einflussbereiche aufgeteilt. Wo dies nicht freiwillig geschah, gab es auch schon mal Gewalt, denn das gehört dazu. Rauschgift, Menschen- und Waffenhandel, Raubdelikte, Schutzgeld – die Liste der Straftaten ist lang und längst nicht abschließend.

Sie kaufen Immobilien und Bars, Restaurants oder Bordelle und schützen sich durch absolut verschlossene Strukturen, eigene Regeln und eine Kultur des Schweigens gegenüber allen deutschen Behörden.

Indessen zeigen sie sich offen, demonstrieren ihre Macht und ihr Geld, ihren Einfluss – die Mitglieder arabischer Clans fürchten den deutschen Rechtsstaat nicht. Wenn überhaupt, kämpfen sie gegen andere Banden, die auf den lukrativen deutschen Markt drängen und sie an Brutalität und Bereitschaft zur Waffengewalt gelegentlich noch übertreffen.

Im Schatten des deutschen Rechtsstaats ist eine perfide Parallelwelt entstanden, die sich dem deutschen Recht, der deutschen Gerichtsbarkeit und den Regeln unseres Zusammenlebens weitgehend entzieht. Der deutsche Rechtsstaat wurde hier schon vor Jahren abgehängt, und an dessen Stelle hat sich ein System eigener Sanktionsmechanismen etabliert. Damit wird die staatliche Rechtsprechung ins Private verlagert, deutsche Gerichte sind schnell aus dem Verkehr gezogen.

Schon 2013 hat das Landeskriminalamt Berlin in einem »Merkblatt« Hinweise zum polizeilichen Umgang mit sogenannten Streitschlichtern im Umfeld arabischstämmiger Großfamilien herausgegeben. Als solche »Streitschlichter« fungieren selbst ernannte »Friedensrichter« oder Familienoberhäupter und islamische Geistliche. Dabei hat dies alles nicht unbedingt immer etwas mit religiösen Streitfragen zu tun, es geht um eine umfassende Gerichtsbarkeit.

Und es geht auch nicht allein um arabische Großfamilien. Sowohl inländische als auch unterschiedliche ausländische Gruppierungen pflegen interne Konflikte nach ihren eigenen, meist kriminellen Methoden auszutragen.

Im radikalen islamischen Umfeld gilt in familiären Angelegenheiten die Scharia als einziges Recht, Frauen haben da regelmäßig das Nachsehen. Das ist in Neukölln, Bremen oder Duisburg genauso wie in Afghanistan. Zwangsheirat nach Vergewaltigungen, Kinder- und Mehrfachehen, Ehrenmorde oder drakonische Bestrafungen »ungehorsamer« Frauen, Blutgeld nach Tötungsdelikten oder andere archaische Bräuche sind Lebensrealität in Deutschland.

Was tun gegen Paralleljustiz?

Immer wieder diskutieren Justizpolitiker über die Möglichkeiten, die Handlungsfelder der Paralleljustiz einzugrenzen, und stoßen dabei schnell an ihre Grenzen – und gelegentlich finden sie sich damit ab.

Das Oberverwaltungsgericht Koblenz gewährte der Zweitfrau eines Irakers eine Aufenthaltserlaubnis. Nach fünf Jahren Ehe in Deutschland sei es ihr nicht zuzumuten, allein in den Irak zurückzukehren. Eine Frankfurter Richterin gestand 2007 einem prügelnden Marokkaner ein »Züchtigungsrecht« zu und lehnte die vorzeitige Scheidung ab. In der Zeitung *Die Welt* vom 2. Februar 2012 nannte der rheinland-pfälzische Justizminister Jochen Hartloff (SPD) die Existenz islamischer Schiedsgerichte in Deutschland grundsätzlich zulässig. Somit sei die Scharia in einer modernen Form zulässig.

Die Größe und Vielfalt krimineller Familienclans ist unüberschaubar geworden. Rund 50 solcher Clans beobachtet die Polizei allein in Nordrhein-Westfalen, ein Lagebild der Clankriminalität soll dort entstehen. Der Innenminister ist entschlossen, die Macht der Clans zu brechen, setzt auf Dauerpräsenz der Polizei, auf Razzien am laufenden Band und ist bemüht, schnelle Erfolge zu erzielen.

Ralph Ghadban hat in seinem Buch *Arabische Clans: Die unterschätzte Gefahr* beschrieben, woher die Mitglieder ursprünglich stammen, welche Entwicklung sie seit Jahrzehnten genommen und wie sich ihre Strukturen längst festgesetzt haben.

Multikulti-Schwärmerei, die von vornherein Integration verhindert hat, totale Fehleinschätzung des Stellenwerts familiärer Bindungen der Großclans und das Tolerieren der Bildung paralleler Strukturen haben zu der heutigen Situation geführt.

Die Flüchtlingspolitik und die total vernachlässigte Schleierfahndung nach dem Wegfall der stationären Grenzkontrollen innerhalb des Schengen-Raums haben diesen Prozess noch beschleunigt. Neue Banden bilden sich, alte erhalten Verstärkung, neue Geschäftsfelder entwickeln sich, der Raum wird enger, die Machtkämpfe brutaler und offener.

Es soll über 200 000 Mitglieder von arabischen Großfamilien geben. Nicht alle sind kriminell, aber es kommen andere Clans hinzu: Tschetschenen, Albaner, Russen, Tschechen und andere Nationen, die wissen, wie mit Brutalität und Forschheit im vergleichsweise reichen Deutschland Kasse zu machen ist.

»Kohle und Kinder sind die Schwachpunkte krimineller Clans, da müssen wir sie packen. Wenn die Eltern ihre Kinder zu Kriminellen erziehen oder so überfordert sind, dass diese nahezu zwangsläufig in kriminelle Karrieren starten, muss der Staat frühzeitig eingreifen«, so der Sozialstadtrat von Berlin-Neukölln, Falko Liecke, in einem Konzept zur Bekämpfung der Clankriminalität in der Hauptstadt. Recht hat er, aber Deutschland hat sich von den Möglichkeiten, das zu realisieren, weit entfernt.

Alle Behörden, so der umtriebige und engagierte Politiker, müssten zusammenarbeiten, um möglichst frühzeitig auffälliges Verhalten von Kindern zu bemerken und sich darüber auszutauschen. Schule, Sozialbehörden, Jugendamt, Polizei und Staatsanwaltschaften müssten ihre Erkenntnisse austauschen und Handlungskonzepte entwerfen, damit kriminelle Karrieren gar nicht erst entstehen können.

Allerdings müssen die Eltern für die Übermittlung von Erkenntnissen über das Verhalten eines Kindes ihr Einverständnis erteilen, so sehen es die Datenschutzbestimmungen vor – nicht nur in Berlin.

Man kann sich vorstellen, wie ein Beschäftigter der Schule beim arabischen Familienoberhaupt um eine derartige Genehmigung für seinen Sprössling bittet. Er sollte seinen Rückzugsweg vorher gesichert haben.

Auch der Datenschutz im Sozialgesetzbuch behindert den Kampf gegen solche Familienclans, die regelmäßig Sozialleistungen beziehen und offiziell nicht berufstätig sind. Gelegentlich klappt es, mit hohem Aufwand Protzautos zu beschlagnahmen, mit denen solche widerrechtlichen Hartz-IV-Empfänger vor der Arbeitsagentur vorfahren.

So hatten Polizei und Staatsanwaltschaft in Duisburg einige besonders dreiste Sozialleistungsempfänger buchstäblich aus dem Verkehr gezogen. Ob die Gerichte mitmachen, steht noch in den Sternen. Genauso wenig ist abzusehen, welche Tricks angewandt werden, um solche Situationen künftig zu umgehen.

Die Entziehung von Kindern zur Sicherstellung des Kindeswohls stößt an nahezu unüberwindliche Grenzen. Es fallen einem gleich zahlreiche Geschichten von Familiengerichten ein, die die Kinder in die

»Obhut« gewalttätiger, rauschgiftsüchtiger oder perverser Eltern zurückschicken, wo sie geschlagen, missbraucht und gedemütigt werden. Es braucht schon viel Vorstellungskraft, sich Familiengerichte vorzustellen, die eine solche Entscheidung gegen eine arabische Großfamilie treffen und dem Familienoberhaupt seinen kleinen »Prinzen« entziehen. Ganz abgesehen davon, dass das Kind von einem freien Träger zum anderen gereicht würde oder in Pflegefamilien untergebracht werden müsste, zumal geschlossene Einrichtungen hierfür nicht vorhanden sind.

Nicht vorhanden sind übrigens in der Hauptstadt auch die Beschäftigten, die solche personalintensiven Maßnahmen begleiten müssten. Nicht einmal der ganz normale Kinderschutz ist in Berlin gewährleistet, wie die Senatsverwaltung freimütig zugibt. Die Beschäftigten protestieren regelmäßig öffentlich gegen völlig unverantwortliche Zustände, die die Sparpolitik der vergangenen Jahrzehnte verursacht hat. Und mit solchen Jugendämtern will also der Senat künftig arabische Großfamilien betreuen – das glaube, wer will.

Der Gutachter, der eine solche Maßnahme auch nur vorschlägt, muss noch gefunden werden. Jedenfalls wäre er von dieser Sekunde an vermutlich für den Rest seines Lebens in akuter Lebensgefahr, gemeinsam mit den anderen Prozessbeteiligten. Ein schwieriges, nahezu unmögliches Unterfangen.

Möglicherweise geht es den Tätern aber ans Geld, zumindest wird es versucht. Eine Gesetzesnovelle, die im Juli 2017 in Kraft getreten ist, erlaubt die vorläufige Einziehung von »Taterträgen«. Die Initiative hierzu war von dem damaligen Justizsenator in Berlin, Thomas Heilmann, ausgegangen.

Mitte 2018 bekam eine arabische Großfamilie aus der Hauptstadt in gleich 13 Objekten Besuch von der Staatsanwaltschaft. Die Ermittlungskräfte durchsuchten Wohnungen und Geschäftsräume der Familie, um Beweise zu sichern. Noch wichtiger war freilich der Besuch beim Grundbuchamt der Stadt. Hier beschlagnahmte die Staatsanwaltschaft insgesamt 77 Immobilien, die möglicherweise mit Geld bezahlt wurden, das aus Straftaten stammt.

Vorsorglich triumphierte Berlins Innensenator Andreas Geisel, als hätte er den Kampf gegen die Berliner Clans schon gewonnen:»Der Rechtsstaat hat wieder gezeigt, wie stark er ist. Wir steigen den Kriminellen auf die Füße und treffen sie dort, wo es ihnen richtig wehtut: beim Geld und Eigentum.«

Ob diese ersten spektakulären Maßnahmen Bestand haben, wird man sehen. Dass sie den Clans wirklich wehtun, darf bezweifelt werden. Die sichergestellten Immobilien haben einen Wert von knapp 10 Millionen Euro, das ist nicht viel. Was Geisel geflissentlich überspielte: Der Rechtsstaat kommt in der Regel um Jahre zu spät. Die Bande aus Berlin hätte viel früher gestoppt werden können. Voraussetzung: Das Kontrollsystem hätte funktionieren müssen. Das tat es nicht.

Die Verfahren können noch lange dauern, und es können Jahre vergehen, bis Verurteilungen stattfinden und rechtskräftig werden. Regelmäßig sind in solchen umfangreichen Verfahren gut betuchte und juristisch versierte Topanwälte am Start und können die Justiz lange beschäftigen.

Derart juristisch unterstützt werden sich die kriminellen Clans in den nächsten Jahren natürlich nicht ruhig zurücklehnen und auf den Ausgang dieser Verfahren warten. Sie werden nach Mitteln und Wegen suchen, ihre Vermögenswerte zu sichern und dem Zugriff des Staates zu entziehen.

Zum Jahresende wurde in Berlin dann wieder einmal ein Programm gegen die Clans vorgelegt. Ein 5-Punkte-Programm diesmal, mit bekannten Inhalten: ressortübergreifende Zusammenarbeit, viel mehr Kontrollen, möglichst rascher Einzug von Vermögen und möglicherweise auch Inobhutnahme von Kindern, die gefährdet sind.

Neu war lediglich, dass es nun Aussteigerprogramme geben soll. Jeder einzelne Mensch ist wichtig, der den Weg in ein rechtstreues Leben sucht. Ein wirksames Konzept ist das allerdings noch nicht.

Aber es reicht schon einmal für ein dickes Lob von Bundespräsident Frank-Walter Steinmeier für den 5-Punkte-Plan: »Wo unsere Gesetze gebrochen werden – egal von wem – müssen Grenzen gezogen und Konsequenzen spürbar werden. Das muss gelten. Nur so verschafft sich der Rechtsstaat und mit ihm die liberale Demokratie das, was wir derzeit häufig vermissen, Respekt!«
Alles schon gebetsmühlenartig gehört.

Und der Staat sucht währenddessen noch immer nach einer einheitlichen Definition für Clankriminalität und versucht sich an Lagebildern, um nach Jahrzehnten ihr Ausmaß überhaupt zu erfassen.

Auch die vollständige Umkehr der Beweislast gibt es immer noch nicht, obwohl sie seit Jahren von Sicherheitsexperten und Politikern verlangt wird. Wo es sie gibt, entfaltet sie unmittelbare Wirkung, aber die deutsche Politik verhindert es seit Jahrzehnten.

Dabei gilt, was der ehemalige Bürgermeister des Berliner Bezirks Neukölln, Heinz Buschkowsky, ständig wiederholt: »Nehmt ihnen ihr Geld weg, ihre Statussymbole, ihre teuren Autos und Uhren, ihre Villen, ihre Konten!« Aber das wird ein frommer Wunsch bleiben, die Bedenkenträger der Politik sind schon da.

So ist der Kampf nicht zu gewinnen. Dann sollten wir wenigstens ehrlich sein und sagen, dass wir mit Parallelgesellschaften leben werden. Dass wir das alles dulden und uns daran gewöhnen werden. Dass das alles eben zu einem kunterbunten Multikulti-Deutschland dazugehört.

Wir könnten uns ja darauf verständigen, nur die schlimmsten Auswüchse zu bekämpfen. Etwa wenn Autos in die Luft gejagt oder Menschen auf offener Straße hingerichtet werden. Wenn wir mitbekommen, wie junge Mädchen zwangsverheiratet werden oder Frauen die Kehle durchgeschnitten wird. Und wenn wir nichts sehen, schauen wir eben auch nicht hin, was ich nicht weiß, macht mich nicht heiß. Und was ich nicht wissen will, geht mich nichts an.

Wir müssen dann allerdings unser Grundgesetz verleugnen, alle unsere Regeln, die auf den Werten basieren, nach denen wir eigentlich leben wollten. Wir müssen dann, wenn wir bei Feierlichkeiten – etwa zum Tag des Inkrafttretens des Grundgesetzes oder am Tag der Deutschen Einheit – den Teil unseres Landes ausblenden, der mit unserer Verfassung nichts zu tun hat und doch irgendwie dazugehört. Wir müssen dann lernen, das unfassbare Leid jener Frauen und Mädchen zu ignorieren, die mitten unter uns leben und doch keine Rechte haben. Wir müssen hundert Jahre nach Einführung des Frauenwahlrechts in Deutschland und nach all den anderen Errungenschaften der Gleichberechtigung zu ignorieren lernen, dass in großen Teilen unserer Gesellschaft Frauen recht- und wertlos sind. Dass sie daran gehindert werden, ihr Leben selbst zu gestalten, von Bildung, Wohlstand und Selbstbestimmung konsequent ferngehalten werden und in archaischen Gesellschaften leben müssen und nicht einmal unsere Sprache lernen dürfen.

Und wir müssen auch akzeptieren, dass schon kleine Kinder in diese überkommenen und menschenverachtenden Verhaltensmuster hineingeboren und ihnen entsprechend erzogen werden. Dass schon kleine Jungen zu Schwerverbrechern herangebildet und kleine Mädchen zu Sklavinnen einer Männerwelt gedrillt werden, die wir längst überwunden haben.

Wir sind in der Tat auf dem besten Wege dazu. Hunderte Zwangsehen in jedem Jahr, allein in Deutschlands Hauptstadt, na und? Wir finden Begründungen, das zu dulden.

Junge Mädchen, die nach den großen Ferien nicht in die Schule zurückkehren, weil sie irgendwo die Ehefrau eines Onkels, Cousins oder eines Oberhaupts einer »befreundeten Familie« wurden. Na ja, dann sind sie halt weg.

Kulturrabatte überall, vor Gericht, in den Behörden, in den Schulen und Kitas, sogar für den Führerschein muss man nicht einmal die deutsche Sprache können. Und wenn die Paschas ihren Harem errichten, werden wir eine Begründung dafür finden, dies nicht nur zu dulden, sondern auch noch zu unterhalten.

Aber wenn wir das in Wahrheit alles nicht wollen, muss der Rechtsstaat sich zur Wehr setzen gegen Familienclans, die nicht nach unseren Regeln leben wollen. Er muss mit großer Durchsetzungskraft das inkriminierte Vermögen konsequent einziehen, die durch diese Clans gefährdeten Kinder sicher unterbringen und Zwangsehen, Kinder- und Mehrfachehen mit konsequenter Bestrafung und anschließender Aufhebung der Aufenthaltserlaubnis der Täter in Deutschland beantworten.

Die oft gerne heraufbeschworene »volle Härte des Gesetzes« hat die kriminellen Clans noch nicht erreicht.

Deutschland pollert sich ein – Terror ist unser Alltag

»Neue Poller aus Stahl und Beton: Mehr Schutz am Breitscheidplatz« titelte die *Berliner Morgenpost* am 15. November 2018. Wir haben uns also daran gewöhnt, dass Terroristen im Land sind – wer weiß, wie viele es sind, und so richtig scheint es auch niemanden mehr zu interessieren.

»Ich würde mir aber wünschen, dass man sie verkleiden könnte«, sorgte sich ein grüner Baustadtrat in der Hauptstadt über das äußere Erscheinungsbild der »Sperrelemente«, und der Wirtschaftsstadtrat von der CDU gibt zu bedenken, dass man »zwischen notwendigem Schutz und ästhetischen Fragen« abwägen müsse.

Die Realität am Berliner Breitscheidplatz sah noch viel schlimmer aus. Rund um den Weihnachtsmarkt wurden riesige Gitterkörbe miteinander verschraubt, darin riesige Plastiksäcke, gefüllt mit Sand. Festung Weihnachtsmarkt, fehlen noch Kameras, aber die darf es in Berlin ja nicht geben!

Zwei Jahre nach dem verheerenden Anschlag auf den Weihnachtsmarkt am Breitscheidplatz, bei dem zwölf Menschen starben, als Anis Amri, ein unter etlichen Identitäten herumreisender krimineller Migrant, einen Lkw in die Menschenmenge steuerte, kehren wir zur Normalität zurück. So muss man es wohl nennen, wenn Lkw-Sperren an Weihnachtsmärkten in Folien verpackt, mit Blumenkästen verziert oder bunt angemalt werden. Und weil in Deutschland alles seine Ordnung hat, haben sich zahlreiche Institutionen und Behörden gleich darangemacht, ein Normungsverfahren für »Sperrmittel« zu entwickeln (unter dem Titel »Entwicklung integrierter stadtbildverträglicher Sicherheitskonzepte mit dem Schwerpunkt: normgerechter Zufahrtschutz und Veranstaltungssicherheit«), und festgelegt, dass nur solche Sperrmittel beschafft werden, die von einem akkreditierten Institut nach IS IWA 14-1 positiv getestet sind.

Zur Fachtagung »Terrorabwehrsperren« reisten Hunderte Teilnehmerinnen und Teilnehmer aus elf Staaten nach Münster in Nordrhein-Westfalen. Das ist kein Wunder, Terrorabwehr ist ein lukrativer Markt geworden. In Wahrheit wird natürlich nicht Terrorismus abgewehrt, sondern nur der Versuch unternommen, seine grausamen Auswirkungen zu mildern. Dass sich damit gutes Geld verdienen lässt, ist eine der zynischen Nebenwirkungen.

Wenn man Weihnachtsmärkte schützt, muss man es richtig machen. Deshalb ist es natürlich notwendig, technische Schutzeinrichtungen zu testen und darauf zu achten, dass sie im Ernstfall die gewünschte Wirkung erzielen. In der ersten Phase nach dem Anschlag am Berliner Breitscheidplatz waren in manchen Städten seltsame Behältnisse aufgestellt worden, an denen vermutlich einige Firmen gut verdient haben, die aber keinen wirksamen Schutz boten, wenn ein 40-Tonner anrollte.

Noch besser wäre es allerdings, schon an den Grenzen dafür zu sorgen, dass möglichst keine Personen in unser Land einreisen können, von denen ein terroristisches Gefährdungspotenzial ausgeht. Und diejenigen rasch zu identifizieren, zu isolieren und möglichst rasch außer Landes zu bringen, die schon bei uns sind und in Hinterhofvereinen, Justizvollzugsanstalten oder anderen Einrichtungen zu Hass und Gewalt aufrufen und Menschen radikalisieren.

Die Bevölkerung zu schützen, ist eine der Kernaufgaben des Staates. Dazu zählen technische Schutzmaßnahmen sowie die Ausstattung der Sicherheitsbehörden mit gut qualifiziertem Personal, ausreichender und moderner Technik, Schutzausstattung für die Einsatzkräfte und gute Gesetze.

Mit einem richtungsweisenden Konzept wollte sich die Große Koalition ganz nach vorne bringen und ein »bundeseinheitliches Polizeigesetz« auf den Weg bringen. Was so einfach klingt, scheitert schon an der Zuständigkeit.

Denn die Polizeigesetze sind – mit Ausnahme des Bundespolizeigesetzes – nach dem im Grundgesetz verankerten Föderalismus Ländersache. Deutschland hat 17 Polizeigesetze, die zum Teil sehr unterschiedlich sind, und die einzelnen Länder werden sich nicht darum scheren, was in Berlin gedacht oder gewollt ist. Es zählt einzig und allein, was die jeweiligen Regierungen und ihre Parlamentsmehrheiten wollen oder zulassen.

Und da bleibt alles beim Alten, es geht kunterbunt durcheinander, von einheitlichen Verhältnissen keine Spur. Das ist vor allem für diejenigen Einsatzeinheiten fatal, die bundesweit im Einsatz sind, beispielsweise für die Bereitschaftspolizei.

Klugerweise sind sie, sofern sie beispielsweise aus Baden-Württemberg oder Rheinland-Pfalz kommen, mit Bodycams ausgestattet. Dieses wirksame Einsatzmittel hilft nach allen Erfahrungen, Gewaltausbrüche gegen die Polizei entweder von vornherein zu verhindern oder gegebenenfalls zu dokumentieren. In Berlin und Brandenburg muss die Bereitschaftspolizei die wertvollen Ausrüstungsgegenstände abschalten, es gibt keine Rechtsgrundlage dafür, linke Ideologen verhindern sie. In anderen Bundesländern sind sie nur ohne Ton gestattet, wieder woanders nur im Freien und nicht in Wohnungen – Deutschland im Jahr 2019, es lebe die verwirrende Vielfalt!

Und selbstverständlich überall eigene Pilotprojekte, eigene »Trageversuche«, eigene Projektgruppen und monatelange Debatten, als ob eine neue Staatsgründung bevorstünde und nicht die Beschaffung eines Einsatzmittels, das sich längst als alltagstauglich erwiesen hat.

Ähnlich die Terrorabwehr in Deutschland. Im Ernstfall soll die Polizei alles wissen, aber vorher möglichst wenig erfahren dürfen. Schon bei der Gefahrenabwehr durch Telefonüberwachung geht es los, da wollen sächsische Sozialdemokraten tatsächlich auf die sogenannte Quellen-Telekommunikationsüberwachung verzichten – als würden Terroristen ihre Gewaltanschläge ausschließlich telefonisch verabreden wie zu Zeiten der guten alten Telekom. Und während überall auf der Welt organisierte Terrorgruppen genauso wie kleine Terrorzellen selbstverständlich verschlüsselt kommunizieren, tun sie das in Sachsen – weil man es dort so möchte – ausschließlich unverschlüsselt. Was für ein absurder politischer Befund!

So gut man in der zentralen Informationssteuerung vorangekommen ist und endlich die Erkenntnisse in gemeinsamen Zentren zusammenführt, fehlt nach wie vor eine Strategie, ein Plan dafür, wo man eigentlich hinwill. Wie soll Sicherheitsarchitektur künftig gestaltet werden, wie Gefahrenabwehr organisiert sein? Welches Personal soll an welcher Stelle eingesetzt werden und wer führt? Wie werden wir europäisch integriert und international vernetzt sein?

Vorausschauend, zielgerichtet, ressourcenbewusst muss Terrorabwehr sein. Stattdessen erlebt Deutschland kleinliches Gezänk über Zuständigkeiten, zermürbende Diskussionen über Beschaffungen und parteipolitisch motivierte Streitigkeiten über Befugnisse, die die Sicherheitsbehörden dringend benötigen, um den Schutz der Bevölkerung zu optimieren.

Dabei sind die Bedrohungen vielfältig und die Dauer der politischen Diskussion keinesfalls gerechtfertigt. Obwohl jederzeit terroristische Anschläge mit einer völlig unbestimmten Zahl an Opfern geschehen können, tun weite Teile der Politik so, als könnte man sich so viel Zeit lassen, bis auch der letzte Jungfunktionär auf dem Juso-Kongress überzeugt ist.

Und wenn es denn passiert ist, sind dies die Ersten, die »Behördenversagen« schreien und in Untersuchungsausschüssen ausgerechnet mit ihrer Expertise die »Fehler der Polizei und anderer Sicherheitsbehörden« untersuchen wollen, statt nach eigenen politischen Fehlern und Versäumnissen zu suchen.

Islamistischer Terror

Die Verfassungsschutzberichte des Bundes und der Länder sind sehr eindeutig: Es muss damit gerechnet werden, dass islamistischer Terror in verschiedensten Ausprägungen auch in unserem Land stattfindet. Schon die Vorstellung davon ist für die Integrationsromantiker und Zuwanderungsträumer der Willkommenskultur eine traumatisierende Erfahrung.

Wer die Menschen seit Jahrzehnten glauben machen will, dass Zuwanderung per se eine positive und gewinnbringende Erscheinung sei, für den passen brutale Terroristen gar nicht ins Täterbild, das war schon in der Kölner Silvesternacht 2015/2016 so. »Falsche Täter«, das durfte nicht sein. Also war die Polizei schuld, so schnell geht das dann. Und wer die wahren Täter und die Ursachen beim Namen nennt, ist ein Rassist.

Ob es den Realitätsverweigerern passt oder nicht, auch Deutschland wird von etlichen terroristischen Gruppierungen, die weltweit operieren, genauso bedroht wie von fanatisierten Einzeltätern und Kleingruppen, die längst im Land sind. Manche von ihnen haben sich erst hier radikalisiert und sind nie eingewandert, sondern hier geboren.

Das darf niemanden wundern. Deutschland ist ein Land, das Hassprediger und Feinde unseres Rechtsstaates und unserer Demokratie nahezu ungehindert Hass, Terror und Gewalt predigen lässt. Wenn Kindern in den Schulen, in Familien, in Hinterhofmoscheen oder »Kulturvereinen« Gewalt gepredigt wird, entwickelt sich diese auch irgendwann.

Im Jahr 2015 hatte die deutsche Öffentlichkeit erschrocken auf das Phänomen des Salafismus geblickt, als der Verfassungsschutz diesem Milieu noch 8350 Personen zurechnete. Heute sprechen wir von Zahlen weit jenseits der 10 000. Und auch nach den militärischen Niederlagen des sogenannten Islamischen Staates vergrößert sich die Szene, wenngleich der Zuwachs etwas abgeschwächt wurde. Da hilft die Feststellung wenig, dass nicht alle Salafisten Terroristen seien. Und auch gelegentliche Verbote einzelner Gruppierungen sind nicht mehr als Nadelstiche gegen eine wachsende Gemeinde, die geprägt ist von Hasspredigten, jugendspezifischer Missionierung und radikalen Auffassungen.

Das Gespenst eines neuen NSU

Doch damit nicht genug: Während Zigtausende Polizeikräfte aufgeboten werden müssen, um auf den nahezu täglich stattfindenden Links-Rechts-Demos dafür zu sorgen, dass sich Links- und Rechtsextremisten nicht die Schädel einschlagen, fehlen Befugnisse, Personal und Technik, um den sich entwickelnden Rechtsterrorismus im Blick zu behalten. Spektakuläre einzelne Razzien und Festnahmen liefern nur einen kleinen Ausschnitt und werfen zugleich einen klaren Ausblick auf das Potenzial rechter Gewalt.

Rund 24 000 Personen sind dem rechtsextremistischen Milieu zuzurechnen, davon mehr als 12 000 gewaltbereit, Tendenz zunehmend. Es war zu erwarten, dass die politischen Entwicklungen und Entscheidungen ein Konjunkturprogramm für die politisch-extremistische Rechte werden würden.

Obwohl die rechtsextremistisch motivierten Straftaten in den letzten zwei Jahren zurückgegangen sind, ist dies kein Anlass zur Entwarnung. Niemand kann sagen, ob und wann sich Netzwerke, Kleingruppen oder Einzeltäter auf den Weg machen, um schreckliche Anschläge oder Mordserien zu begehen. Schon morgen könnte eine neue neonazistische terroristische Vereinigung wie der NSU in Deutschland entstehen.

Linksextremismus in der Praxis: Der kleine Schritt zum Terror

Wie schnell linksextremistische Gewalttäter sich in brutalen Attacken auf den Staat und seine Einsatzkräfte austoben können, haben die Eröffnung der EZB-Bank in Frankfurt am Main oder der G20-Gipfel in Hamburg drastisch gezeigt. Rund 9000 Linksextremisten benennt der Verfassungsschutzbericht als »gewaltorientiert«, das Milieu ist deutlich größer.

Ob und wann daraus terroristische Gruppierungen oder Organisationen werden, weiß niemand. Und so richtig will man es auch gar nicht wissen, zumindest hat es den Anschein. Wie sonst ist es zu erklären, dass die Gemeinsamkeiten mit der kriminellen Antifa ziemlich schamlos gepflegt werden, wo es um den wie auch immer definierten »Kampf gegen Rechts« geht.

Wo sich Teilnehmende als »Widerstandskämpfer« fühlen, die sich einer vermeintlich unmittelbar bevorstehenden Machtübernahme durch Rechte tapfer entgegenstellen, ist offensichtlich alles erlaubt und wird Gewalt praktiziert, beispielsweise gegen die Einsatzkräfte der Polizei.

Mitten unter uns: Extremisten aus aller Welt

Das ist noch lange nicht alles. Extremistische ausländische Organisationen tummeln sich in Deutschland in großer Zahl und erfreuen sich der großen Freiheiten unserer Gesellschaft, die sie für ihre Ziele gerne nutzen.

Wo die PKK demonstriert, geht es rasch zur Sache, und Gewalt gegen die Polizei gehört regelmäßig dazu. Treffen Sympathisanten dieser

Untergrundorganisation mit rivalisierenden extremistischen Gruppierungen aus der Türkei zusammen, insbesondere bei Demonstrationen, kommt es zu brutalen Gewaltausbrüchen, bei denen Messer und andere Waffen locker sitzen.

Ob es darum geht, ihre Auseinandersetzungen mit den jeweils gegnerischen Gruppierungen auf unsere Straßen und Plätze zu tragen oder ihre rassistischen und nationalistischen Aktivitäten zu entfalten, die Anwendung von Gewalt ist als »Instrument des politischen Kampfes« sozusagen anerkannt und legitimiert.

Und Deutschland? Wir streiten uns in 16 Landtagen darüber, ob die Polizei diese gefährlichen Gruppen und ihre Aktivisten zur Gefahrenabwehr abhören darf, ob wir islamistische Gefährder mit elektronischen Fußfesseln im Blick behalten oder zur Abwehr von Terroranschlägen vor Großveranstaltungen in Gewahrsam nehmen können.

Die extremistische Szene entwickelt sich weiter, Deutschland diskutiert und wartet auf den nächsten Terroranschlag. Deutschland fällt zurück, die Gefahren wachsen.

Keine Zeit für Gerechtigkeit: Der Rechtsstaat verfällt

Hausbesitzer wissen, was es bedeutet, eine Immobilie instand zu halten. Natürlich kann man sich darauf beschränken, gelegentlich die Regenrinne zu reinigen oder die Spinnweben am Kellerfenster zu entfernen. Aber dann wird man nicht lange Freude an seinem Haus haben. Am falschen Ende zu sparen, könnte sich am Ende als teurer Irrtum erweisen.

Die regelmäßige Wartung der Heizungsanlage und der Versorgungseinrichtungen, die Modernisierung von technischen Einrichtungen, Überprüfung von Brandschutz und Isolierung und viele andere Dinge gehören dazu, wenn die Immobilie auch nach Jahrzehnten nicht an Wert verloren haben soll. Tut man das nicht, bewohnt man nach

Jahren ein Haus, das in seinen Funktionen erheblich eingeschränkt ist und in zunehmendem Maße verfällt. Dann fallen erheblich mehr Investitionen an, um es wieder auf Vordermann zu bringen. Mit dem Rechtsstaat verhält es sich nicht anders. Wer nicht investiert, wer nicht modernisiert und vorausschauend ausbildet und plant, lebt in einem Staat, der verfällt und verwahrlost, der schwächelt und an vielen Stellen nur noch als Hülle ohne effizienten Inhalt wahrgenommen wird.

Bis zur Wiedervereinigung war die bundesdeutsche Justiz hinsichtlich der Bedürfnisse der alten Bonner Bundesrepublik recht gut ausgestattet. Die 68er-Studentenbewegung hatte etwas Bewegung in die Ausbildung der Juristen gebracht. »Unter den Talaren – Muff von 1000 Jahren« galt nicht nur für die Professorenschaft, sondern war auch auf scheinbar überkommene Praktiken der Wahrheitsfindung vor Gericht gemünzt.

Die Wiedervereinigung Deutschlands stellte auch die deutsche Justiz vor eine große Herausforderung. Der Aufbau rechtsstaatlicher Strukturen in den neuen Bundesländern benötigte viel erfahrenes Personal aus dem Westen, aus Staatsanwaltschaften und Gerichten, Justizvollzug und -verwaltung. Sie wurde gemeistert, auch weil verantwortungsbewusste Beschäftigte aus der Justiz sich bereit erklärten, mitzuhelfen und dort stabile Strukturen eines funktionierenden Rechtsstaates zu schaffen.

Schon vor der Wende hatten »Organisationsreformen« dafür gesorgt, dass Gerichtsstandorte aus deutschen Städten im Westen verschwanden und die Wege zum Recht länger wurden. Mitte der 1970er-Jahre war damit begonnen worden, die bislang 717 Amtsgerichtsbezirke bis ins Jahr 2016 auf nur noch 639 zu reduzieren, beschreibt der Vorsitzende des Deutschen Richterbundes, Jens Gnisa, in seinem Buch *Das Ende der Gerechtigkeit*.

Und am Beispiel von Mecklenburg-Vorpommern im Jahr 2013 zeigt der engagierte Vertreter seiner Zunft, wie völlig unverantwortliche »Sparpolitik« zum Verlust von 11 der 21 Amtsgerichte in dem Flächenland führte. Mecklenburg-Vorpommern ist aber nur ein Beispiel. Heute fehlen über 2000 Richterinnen und Richter, die Staatsanwaltschaften leiden unter dramatischem Druck.

Ein wegen Mordes an seiner Ehefrau verurteilter Mann musste in Brandenburg aus der Untersuchungshaft entlassen werden. Grund waren Verzögerungen in seinem Revisionsverfahren, wie eine Sprecherin des Oberlandesgerichts Brandenburg mitteilte (Beschluss vom 6.12.2018, Az.: 21 Ks 5/17).

Wenn solche Meldungen in Umlauf kommen, wissen die Menschen, was in unserem Land los ist. Ausverkauf des Rechtsstaates nennen sie das – zu Recht.

So wie im öffentlichen Dienst waren es vor allem Unternehmensberater, die den Takt für die Gestaltung unseres Gemeinwesens angaben. Der Staat, so deren Grundhaltung, solle wie ein Unternehmen organisiert sein, mit möglichst schlanken, ja dürren Strukturen, ständig auf der Suche nach neuen Synergien. Und die naive Politik war begeistert, wenn die smarten Jünglinge mit Schaubildern und Laptops die Staatskanzleien und Ministerien stürmten, um vorzurechnen, wie viel Geld man sparen könne, wenn man den von ihnen errechneten Modellen folgte und »die Organisation straffen« würde.

Sie haben ganze Arbeit geleistet. Aus dem schlanken Staat ist ein schwindsüchtiger Staat geworden. Auch der Rechtsstaat wird abgehängt, wenn geltendes Recht nicht durchgesetzt wird und Straftaten ignoriert werden. Dabei bleiben die dauernden Alarmsignale weitgehend ungehört.

Das bedeutet nicht, dass Politik nicht kreativ wird. In immer kürzer werdenden Abständen wird darüber spekuliert, ob man nicht den Straftatbestand des Schwarzfahrens (»Beförderungserschleichung«) aus Gründen der Arbeitsüberlastung abschaffen soll. Mit der gleichen Argumentation wird immer wieder über die Freigabe von Cannabis oder die Herabstufung der »leichten« Verkehrsunfallflucht zur Ordnungswidrigkeit diskutiert. Dass schon mit solchen Diskussionen das Unrechtsbewusstsein beschädigt wird, kümmert die Sparpolitik wenig. Rechtsstaat kostet Geld und wirft keine Gewinne ab. Und schon das stört die Beratungsfirmen, die diese Gewinne gerne in ihre Häuser tragen. Unternehmensberater, die den öffentlichen Dienst und die staatliche Daseinsfürsorge beurteilen, zeichnen sich regelmäßig dadurch aus, dass sie die von ihnen vorgeschlagenen Strukturen nie selbst erproben, geschweige denn erdulden müssen. Bis ihre Vorschläge umgesetzt sind, haben sie längst das Weite gesucht, ohne irgendetwas von dem zu verantworten, was sie angerichtet haben. Sie beraten ja nur, Entscheidungen überlassen sie den Politikern. Freilich verrichten sie ihr Beratungsgeschäft unter Mitnahme riesiger Honorare, die der Staat besser in die öffentliche Daseinsfürsorge investiert hätte.

Der Start ins wiedervereinigte Deutschland hätte der Beginn eines gewaltigen Investitionsprogramms in die staatlichen Strukturen im Westen wie im Osten sein müssen. Es wäre die Aufgabe verantwortungsbewusster Politik gewesen, flächendeckend ein dichtes Netz funktionierender Justizeinrichtungen zu schaffen, sowohl in den Staatsanwaltschaften als auch in der Gerichtsbarkeit und im Justizvollzug. Das war die große Chance, unseren Rechtsstaat zu stärken, zu modernisieren und fit für die Zukunft zu machen.

Die Chance wurde vertan, der Rechtsstaat verfällt weiter.

Jens Gnisa schlägt regelmäßig Alarm. Er verlangt nach einem starken Rechtsstaat, und zwar überall. Deshalb beklagte er im Herbst 2018 zu Recht, dass Staatsanwaltschaften immer häufiger Verfahren einstellen, um sich auf die schweren Fälle konzentrieren zu können. Nicht weil die Straftaten geringfügig sind, weil es kein Interesse an Ahndung und Sanktion gäbe, nicht weil die Ganoven ehrlicher geworden sind und die Gewalt nachgelassen hat, werden Verfahren zu Tausenden eingestellt, sondern weil das Personal in den Staatsanwaltschaften fehlt, um sie bis hin zum Strafbefehl oder zur Anklage zu bearbeiten.

Und es kommt noch schlimmer. Im Durchschnitt wird jede Woche ein Häftling aus der Untersuchungshaft entlassen. Nicht etwa, weil sich das Verfahren erledigt hat oder der Haftgrund der Flucht- oder Wiederholungsgefahr nicht mehr vorliegt, sondern weil das Verfahren zu lange gedauert hat, kommen Rechtsbrecher auf freien Fuß, noch bevor das Gerichtsverfahren überhaupt begonnen hat.

So sind die Regeln des Rechtsstaates, möchte man sagen, und das stimmt. Aber ist das deshalb in Ordnung? Halten wir einmal fest, wie man überhaupt in Untersuchungshaft kommt. Beim mutmaßlichen Haupttäter der Gruppenvergewaltigung von Freiburg im Oktober 2018 hatte es bereits eine Anhäufung schwerster Straftaten gegeben: Körperverletzung, Raubdelikte, Vergewaltigung, Drogendelikte – das alles seit seiner Ankunft im Jahre 2015, also in kurzer Zeit. Erst dann entschloss sich das zuständige Gericht, einen Haftbefehl zu erlassen, um den Beschuldigten in Untersuchungshaft zu nehmen. Kein Eierdieb oder Schwarzfahrer also, sondern ein gefährlicher Intensivtäter.

Nachzuweisen, dass sich ein Beschuldigter dem Verfahren durch Flucht entziehen oder einschlägige Delikte wiederholen würde, ist manchmal aufwendig und schwierig. Denn die Untersuchungshaft dient nicht dazu, wie vielfach fälschlicherweise angenommen wird, gefährliche Täter »aus dem Verkehr zu ziehen«, um die Bevölkerung vor ihnen zu schützen. Sie hat den Zweck, das durchzuführende Strafverfahren sicherzustellen und zu vermeiden, dass der Beschuldigte sich vorher absetzt, untertaucht und sich der Strafverfolgung entzieht.

Umso fataler, dass derartige Beschuldigte aus der Untersuchungshaft entlassen werden müssen, weil das Verfahren zu lange dauert, die Justiz also nicht die Kapazitäten hat, innerhalb der vorgeschriebenen sechs Monate Anklage zu erheben und das Gerichtsverfahren zu betreiben.

Der Rechtsstaat kapituliert nicht, weil er das Recht nicht durchsetzen will, sondern weil er nicht die Kraft dazu hat.

Das Recht des Stärkeren

»Wir können nur zusammenleben, wenn wir uns gemeinsam an unsere Gesetze halten«, sagte Bundeskanzlerin Angela Merkel am Rande des G7-Gipfels im kanadischen La Malbaie Anfang Juni 2018. Das klingt eigentlich einfach. Wer mit »uns« gemeint ist, wissen wir aber wieder mal nicht. Das war uns schon bei »Wir schaffen das« nicht so ganz klar.

Jedenfalls leben viele Menschen unter uns, die völlig anderer Auffassung sind. Und die das auch offen zeigen. Als im Sommer vergangenen Jahres der stadtbekannte Schwerkriminelle Nidal R. in Berlin beigesetzt wurde, zeigten rund 2000 Mitglieder arabischer Großfamilien, was sie sind: eine Macht in der Hauptstadt ... und nicht nur dort.

Der libysche Asylbewerber Mohamed Youssef T., genannt »King Abode«, ein 21-jähriger Intensivtäter aus Bautzen, gewalttätig, immer wieder dabei, auf Krawall gebürstet, immer wieder vor Gericht, immer neue Urteile. Polizei und Justiz kamen nicht mehr nach, Festnahmen, Freilassungen, immer neue Prozesse, der Überblick ging langsam verloren.

Auch der Hauptverdächtige der mutmaßlichen Gruppenvergewaltigung von Freiburg im Sommer vergangenen Jahres war der Polizei als Intensivtäter bekannt. So wie Hussein K., der Maria in Freiburg tötete. Oder Ilyas M., der in Berlin den Mord an Susanne F. verübte, auch hier Körperverletzung, Raubstraftaten, Sexualdelikte – immer das gleiche Muster.

Und in immer kürzeren Abständen werden solche Fälle bekannt. Die Vorgeschichten ähneln sich: Junge Männer, die unter der falschen Angabe, Schutz und Asyl zu suchen, eingereist sind, offenbaren sich als gewalttätig, intensive Straftäter, längst ausreisepflichtig oder nur geduldet.

Und immer wieder neue Delikte, die kurioserweise wieder ihre Abschiebung in weite Ferne rücken. Sind es nur kleine Delikte, können die Staatsanwaltschaften der Abschiebung trotzdem zustimmen.

Wenn schwere Straftaten begangen werden, wird die Abschiebung untersagt, weil erst das Strafverfahren durchgeführt und der Strafanspruch des Staates gesichert werden muss.

Das Paradox: Je schwerer die Straftat, umso größer und länger der Abschiebeschutz. Was einmal klug gedacht war und der Integrität unserer rechtsstaatlichen Ordnung dienen sollte, wird zum Bumerang des Rechtsstaates, der nun die Opfer mit voller Wucht trifft.

Das Versprechen des Staates an seine Bürgerinnen und Bürger, für deren Schutz bestmöglich zu sorgen, wird nicht eingehalten, weil er den Tätern gleichzeitig das Versprechen gegeben hat, sie rechtsstaatlich zu behandeln und sie dabei quasi »mit Samthandschuhen anzufassen«.

Daran ändern auch die vollmundigen Sprüche nichts, die regelmäßig aus der Politik gemacht werden, wenn wieder ein schreckliches Verbrechen verübt worden ist: »Der oder die Täter müssen jetzt mit der vollen Härte des Gesetzes bestraft werden!« Die Menschen wissen längst, dass die Gerichte an diese Erwartungen nicht gebunden sind – und das ist grundsätzlich auch gut so.

Die Gegenleistung für das Staatsversprechen, die Menschen zu schützen, ist übrigens deren Verzicht auf Gewaltanwendung. Es ist ein äußerst gefährlicher Weg, dieses Versprechen nicht einzulösen, denn damit werden dem Recht des Stärkeren, der Willkür und der Selbstjustiz Tür und Tor geöffnet.

Die Kommentarleisten der sozialen Netzwerke spiegeln sicher nicht die Auffassungen der Bevölkerung repräsentativ wider, sie zu ignorieren wäre aber falsch. Immer wieder werden unverhohlen Erwartungen und Wünsche nach Selbstbewaffnung, nach aktivem Vorgehen gegen die vermeintlich Schuldigen geäußert und Selbstjustiz gefordert. Das wäre das Ende des Rechtsstaates.

Und obwohl er im Prinzip gut funktioniert, kommen oft gefährliche Gewalttäter in Freiheit, die jederzeit zum erneuten Zuschlagen bereit sind.

Muss ein Land das um einer höheren, politisch definierten Humanität willen einfach aushalten? Müssen wir ertragen, dass um uns herum Menschen leben, die unseren Staat und seine Ordnung verachten, die über Polizei und Justiz spotten und immer wieder die vermeintliche Machtlosigkeit deutscher Justiz entlarven? Nein, das darf man nicht. Im Rahmen des Verhältnismäßigkeitsprinzips muss der Schutz der Bevölkerung Vorrang haben vor den Freiheitsrechten solcher Gewalttäter.

Wenn die jetzige Regierung nicht endlich konsequent handelt und diese Intensivtäter sicher unterbringt, wird es eine andere tun. In osteuropäischen Ländern können wir beobachten, was dann aus dem Rechtsstaat wird.

Schon bei der von Angela Merkel beim Deutschlandtag der Jungen Union in Paderborn am 15. Oktober 2016 geforderten »nationalen Kraftanstrengung zur Rückführung derer, deren Asylantrag abgelehnt wurde« versagt das System, versagen die politischen Akteure.

Wir werden vermutlich in Zukunft nur noch wenige Disziplinen haben, in denen wir Weltmeister werden. Aber in der Fähigkeit, immer wieder Gründe zu finden, warum etwas nicht geht, sind und bleiben wir wohl Spitze:

- Leere Plätze in Abschiebeflugzeugen mit anderen Abzuschiebenden besetzen? Geht nicht.
- Residenzpflicht für Asylbewerber in den Unterkünften durchsetzen? Wollen wir nicht.
- Abschiebungen gegen den Willen von Asylbewerbern vollziehen? Machen wir nicht.
- Renitente Asylbewerber, die sich der Abschiebung widersetzen, in den Griff bekommen? Können wir nicht.
- Abschiebehaftplätze zur Sicherung der Abschiebung bereithalten? Geht irgendwie auch nicht.

Und wenn alles nicht mehr hilft, fehlt das Personal, fehlen die Mittel, fehlt die Zuständigkeit, oder es gibt andere Gründe, warum es unmöglich ist.

Abschiebungen: Die Nullnummer

Die Wahrheit kommt manchmal schnörkellos daher. Niemand Geringeres als Bundestagspräsident Wolfgang Schäuble sagte in einem ausführlichen Interview mit der *Welt am Sonntag* am 23. September 2018: »Wir sollten uns klarmachen, wie schwer es ist, im Einzelfall abzuschieben. Deswegen sollten wir auch nicht allzu stark die Hoffnung schüren, dass wir die Großzahl dieser Menschen zurückführen können«, sagte der Bundestagspräsident. »Eher sollten wir alle Kraft dafür aufbringen, sie in unsere Gesellschaft zu integrieren.«

Damit ist klar: Der Rechtsstaat ist von der Realität längst abgehängt worden, die Politik hat sich auch an höchster Stelle von ihm verabschiedet.

Das Gerede von »nationaler Kraftanstrengung« zur Erhöhung der Abschiebungen entpuppt sich bei näherer Betrachtung als unrealistisch. Was wir erleben, ist eine gigantische Theatervorstellung auf Kosten der Rechtsstaatlichkeit und zu Lasten der Steuerzahler.

Hunderttausende Asylanträge werden registriert und in einem riesigen Kraftaufwand von den dafür zuständigen Behörden geprüft, was in den meisten Fällen an den Normen des Rechtsstaates vorbei geschieht. Denn die meisten Antragstellenden hätten bereits an der Grenze zurückgewiesen werden können und müssen, so das geltende Recht.

Das ist politisch nicht gewollt, und zwar zumindest von einem Teil der Regierung. Und natürlich von den Bundestagsfraktionen von Bündnis 90/Die Grünen und Linke, die beide mit am Kabinettstisch sitzen, sozusagen als Koalitionspartner auf der Reservebank.

Ist der Asylantrag bearbeitet, geht er an die Gerichte. Dafür sorgt eine unüberschaubare Zahl von Vereinen, Kanzleien, Organisationen und Einzelinitiativen, die dies erfolgreich zum Geschäftsmodell gemacht haben. Hunderttausende Verfahren blockieren so seit Jahren unsere Verwaltungsgerichte, der »Normalbürger« mit einem berechtigten Anliegen der Überprüfung staatlichen Handelns muss warten.

Und ist auch dies nach regelmäßig jahrelangem Zuwarten endlich rechtskräftig entschieden, findet auch keine Ausreise statt. Deutschland hat seine Verfahren absolviert und nach rechtsstaatlichen Regeln bis zum Ende durchgeführt. Was jetzt folgt, ist regelmäßig das Hierbleiben desjenigen, der sie durchlaufen hat.

Einer der Gründe ist, dass es Deutschland nicht gelingt, einige Herkunftsländer der Migranten davon zu überzeugen, ihrer völkerrechtlichen Verpflichtung nachzukommen, ihre eigenen Staatsangehörigen wieder »zurückzunehmen«. Die Bemühungen hierzu halten sich in Grenzen, auch hier eher Show als Mühen.

Und dann die Abschiebung, der Rechtsstaat läuft zur Höchstform auf. Die Ankündigung der Abschiebung wird natürlich fast als Aufforderung zum Untertauchen verstanden und entsprechend angenommen. Am Ende steht dann Wolfgang Schäuble mit der Aufforderung, alle Kräfte zu mobilisieren, um Menschen zu integrieren, die nachweislich nicht in unser Land gehören, die sich schon unter falschen Angaben durch sämtliche rechtsstaatlichen Instanzen gemogelt haben und dennoch als Nichtbleibeberechtigte enttarnt wurden.

Rechtsbruch als Dauerzustand

Mit seinem »Masterplan Migration – Maßnahmen zur Ordnung, Steuerung und Begrenzung der Zuwanderung« vom 4. Juli 2018 hatte Bundesinnenminister Horst Seehofer seinerzeit erstmals ein Schriftstück vorgelegt, das den Begriff »Plan« enthielt, ein unerhörter Vorgang. Nach Jahren der unkontrollierten Zuwanderung nach Deutschland, regierungsamtlich geduldet und gefördert und der staatlichen

Kontrolle weitgehend entzogen, nun der Versuch, etwas Ordnung und System in die Lage zu bringen.

– »Menschen ohne Bleiberecht müssen unser Land verlassen.« Schlichter konnte man es nicht ausdrücken. Aber schon zu diesem Zeitpunkt hatten weite Teile deutscher Politik dieses Ziel, das in jedem Staat der Welt selbstverständlich ist, längst aus den Augen verloren.

– »Die konsequente Durchsetzung des Rechts sichert das Vertrauen in den Rechtsstaat.« Eine Binsenweisheit, zu viel für unsere Willkommenskultur und ihre Akteure, die vom Rechtsstaat eine völlig andere Auffassung haben: »Jeder macht, was er will, auch dazu ist er nicht verpflichtet.«

– »Wir wollen keine Zuwanderung in unsere Sozialsysteme. Unsere Sozialleistungen dürfen keinen Anreiz für den Zuzug nach Deutschland bieten«, so Horst Seehofer, nachdem dies jahrelang stattgefunden hat und bis heute stattfindet.

– »Deutschland braucht gut ausgebildete und qualifizierte Fachkräfte.« Wen interessiert das schon. Wir leben in einem Land, in dem Genderwissenschaften und die Rettung des Weltklimas oben auf der Tagesordnung stehen, nicht die Entwicklung moderner Technologien, nicht mehr der Bau von guten Autos oder Energiegewinnungsanlagen.

Binnengrenzkontrollen, Europäische Grenzpolizei, Gemeinsames Europäisches Asylsystem, Bekämpfung von Sekundärmigration, Marshallplan mit Afrika, Einrichtung von sicheren Orten – Seehofers Liste guter und sinnvoller Ideen war lang und sie ist es immer noch. Insgesamt 63 Vorschläge, die Horst Seehofer der Öffentlichkeit präsentierte und die dann erst einmal von allen Seiten verworfen wurden. Geht alles nicht, wollen wir nicht, passt nicht, diskriminierend, rassistisch – die ganze Palette der üblichen Verhinderungsrhetorik und dann zurück zur Tagesordnung. Dabei waren die meisten Maßnahmen alles andere als neu, in Wahrheit waren sie die Beschreibung der geltenden Rechtslage. Aber auch die interessiert in der Asylpolitik kaum noch jemanden. Rechtsbruch ist Gewöhnung geworden; in Hunderttausenden Verfahren findet nur noch Simulation des Rechtsstaates statt. Sind die Verfahren zu Ende, bleiben die Menschen hier. Man könnte sich sowohl das Bundesamt für Migration und Flüchtlinge (BAMF) als auch die Verwaltungsgerichtsverfahren sparen, es wäre ehrlicher und vermutlich billiger.

Der Rechtsstaat ist an dieser Stelle am Ende, und man darf darüber spekulieren, wann die Politik eigentlich die Kraft verlassen hat, ihn durchzusetzen, oder ob das tatsächlich überhaupt jemals beabsichtigt war.

Auch das Straf- und Strafprozessrecht haben offensichtlich ihre Grenzen erreicht. Die rechtsstaatlichen Regeln des Verfahrens einzuhalten und dann zu einer Urteilsfindung zu kommen, die dem Strafanspruch des Staates gerecht wird, ist noch nie einfach gewesen. Vor allem die Justiz selbst hat dazu beigetragen, dass durch immer findigere Rechtsprechung den auf Konflikt und Konfrontation getrimmten Anwälten immer größerer Raum gegeben wurde.

Richtig ist das nicht, und der Gesetzgeber sollte eingreifen, um den Rechtsstaat auch für die Bürger begreifbar und nachvollziehbar zu machen. Er darf eben nicht nur das Eigentum einiger Rechtsspezialisten sein. Wo im Namen des Volkes geurteilt wird, muss das Volk auch verstehen können, was dort geschieht.

Der ehemalige Präsident des Bundesverfassungsgerichtes, Hans-Jürgen Papier, zählt unbestritten zu den klügsten Köpfen unseres Landes. Mit großem Nachdruck und Beharrlichkeit warnt er vor der Erosion unseres Rechtsstaates und vor dem Vertrauensverlust der Bevölkerung. Clankriminalität, Dieselskandal, Zuwanderung – Hans-Jürgen Papier spricht offen aus, was auch offenkundig ist: Das Gewaltmonopol des Staates schwindet, der Rechtsstaat zieht sich weiter zurück, offener Rechtsbruch wird mit moralischer Begrifflichkeit legitimiert und geduldet.

Die Gewalttäter vom Hambacher Forst in Nordrhein-Westfalen sind ein beredtes Beispiel dafür. In der deutschen Medienlandschaft gelten sie als »Aktivisten«, als »Kohlegegner« oder schlicht »Demonstranten«. Wie selbstverständlich wird ausschließlich das Ziel der Abwendung der Klimakatastrophe hervorgehoben, was die Verklärung der Straftäter zu Widerstandskämpfern gegen die Zerstörung des Waldes perfektionieren soll.

Fast nur die sozialen Netzwerke und Polizeiberichte erzählen davon, mit welcher brutalen Gewalt Einsatzkräfte angegriffen, mit Gegenständen beschossen, mit Fäkalien beworfen und mit Brandsätzen angegriffen werden. Das zeigt, was sie in Wahrheit sind: einfach nur kriminelle, primitive Gewalttäter, keine Waldretter und schon gar keine Umweltschützer.

Hans-Jürgen Papier warnt vor Willkürherrschaft, wenn das Recht dauerhaft gebrochen wird, und lenkt den Blick auf den jahrelangen Verfassungsbruch unserer Bundesregierung in der Flüchtlingspolitik. Die Duldung illegaler Einreise und die Nichtdurchsetzung von Ausreiseverpflichtungen sind dafür nur zwei Beispiele.

Auch der ehemalige Verfassungsrichter Udo Di Fabio redet Klartext. In seinem Gutachten mit dem Titel »Migrationskrise als föderales Verfassungsproblem« beschreibt der heutige Direktor des Instituts für öffentliches Recht (Abteilung Staatsrecht) an der Rheinischen Friedrich-Wilhelms-Universität Bonn die Bedeutung des »unaufgebbaren Rechts souveräner Staaten«, ihre Grenzen kontrollieren und darüber entscheiden zu können, wer in das Staatsgebiet einreist und wer nicht.

Die drei Elemente der Staatlichkeit – Staatsvolk, Staatsgewalt und Staatsgebiet – können also nicht isoliert voneinander betrachtet werden. Nur wenn gewährleistet ist, dass der Staat die Kontrolle behält, ist die Staatlichkeit nicht in Gefahr.

»Kann ein Staat die massenhafte Einreise von Menschen in sein Territorium nicht mehr kontrollieren, ist ebenfalls seine Staatlichkeit in Gefahr, schon weil das Staatsvolk und seine für es handelnden Organe Gefahr laufen, ihre personelle und territoriale Schutzverantwortung zu überspannen und die Funktionsfähigkeit als sozialer Rechtsstaat zu verlieren«, heißt es in aller Klarheit in dem für die bayerische Staatsregierung verfassten Papier, das bis heute politisch ohne Konsequenzen geblieben ist. Der andauernde Kontrollverlust und der vom Parlament akzeptierte Bruch unserer Verfassung war der bislang größte Schaden für den Rechtsstaat Bundesrepublik Deutschland. Wenn Politik sich anmaßt, ein selbst definiertes Verständnis von Moral über geltendes Recht zu stellen, ist der Rechtsstaat all denjenigen ausgeliefert, die dann dieses Recht für sich auch in Anspruch nehmen. Dann gelten nicht mehr geschriebene Gesetze oder richterliche Rechtsetzung, dann definiert jeder sein Recht selbst.

Die Folgen sind fatal und jetzt schon sichtbar. Wenn geltendes Recht so öffentlich, selbstverständlich und mit der Attitüde einer höheren Moral gebrochen wird, ist dies ein Konjunkturprogramm für Extremisten am Rande der Demokratie, die nur darauf warten, die Institutionen des Rechtsstaates infrage zu stellen und zu bekämpfen.

Die Wahlerfolge von Extremisten sind das Ergebnis dieser Politik. Es war im Wesentlichen die Flüchtlingspolitik der vergangenen Jahre, die für die Wahlergebnisse der AfD gesorgt hat. Natürlich haben auch der Umgang mit den Wahlentscheidungen von Millionen Menschen sowie die Ausgrenzung und Dämonisierung dieser Partei ihren Beitrag dazu geleistet. Aber der wichtigste Auslöser ihres politischen Aufschwungs war eben die falsche Politik. Deshalb kann auch nur eine andere Politik die AfD wieder zurückdrängen.

Oder auch nicht. Drei Wahlen in ostdeutschen Bundesländern stehen 2019 bevor. Und kaum etwas deutet darauf hin, dass die etablierten Volksparteien aus den Ergebnissen vergangener Wahlgänge gelernt und die notwendigen Konsequenzen gezogen hätten.

Gelenkte Beschwichtigung

Die Flüchtlingspolitik wird mit den neuen Narrativen »Wir haben alles im Griff«, »Ist doch gar kein Problem mehr« oder dem Klassiker »Wir schaffen das« relativiert. Es darf jedoch bezweifelt werden, dass diese Strategie funktioniert, bislang ist nämlich das Gegenteil der Fall. Wie man meinen kann, dass regelmäßig zweistellige Verlustraten bei Wahlen und gleichzeitig drastische Hinzugewinne bei Grünen, der Linken und AfD ein Indiz dafür sein können, dass man politisch auf dem richtigen Weg sei, ist ein Rätsel.

Der Umgang mit den Fakten ist nicht einfach. Vor allem das Thema »Gruppenvergewaltigungen« ist in der Öffentlichkeit hochemotional diskutiert worden. Dabei spielen auch die sozialen Netzwerke eine herausragende Rolle. Was früher höchstens im Regionalteil einer Zeitung erschien, wird dort zum nationalen, ja weltweiten Ereignis. Und je nachdem, wie die Berichterstattung »gesteuert« wird, ergeben sich politische Einstellungen, Wahrnehmungen der Realität und daraus auch eigene Bewertungen, die nicht immer dem entsprechen müssen, was tatsächlich in unserer Gesellschaft vor sich geht.

Vergewaltigungen durch Gruppen gab es vermutlich schon immer. Doch nach der unkontrollierten Einreise vieler junger Männer nach Deutschland im Rahmen der Flüchtlingspolitik der Bundesregierung nahmen sie zu. Waren es im Jahr 1990 noch 111 Delikte und 1995 142, steigerten sich die Fallzahlen im Jahr 2016 auf 524. Der Anteil ausländischer Tatverdächtiger lag immer deutlich über ihrem Anteil an der Bevölkerung; er bewegt sich regelmäßig um die 50 Prozent. Die Statistiken werden immer wieder von Veränderungen in der Erfassung und auch durch Gesetzesänderungen beeinflusst, deshalb sind Vergleiche und Entwicklungen seriös schwer zu beschreiben. Dennoch lässt sich eindeutig feststellen, dass an vielen Taten Männer beteiligt sind, die unter dem Vorwand, politisch verfolgt zu sein, in unser Land gekommen sind. Oft kennen wir ihre Identität, ihr Alter und ihre Biografie nicht.

Im Einzelfall kann dies zu grausamen Folgen führen, wie bei Hussein K., der 2013 in Griechenland als unbegleiteter minderjähriger Flüchtling bereits registriert war. Ein gefährlicher Schwerverbrecher, ohne jegliches Gefühl für seine Opfer.

Wenige Monate nach seiner Ankunft in Griechenland schon das erste Verbrechen, ein Raubüberfall auf eine Studentin, die er über ein Geländer eine Klippe hinunterstürzte. »War doch nur eine Frau«, so die Einlassung in der polizeilichen Vernehmung. Nach Gerichtsverfahren, Urteil (zehn Jahre Freiheitsstrafe), Inhaftierung und Ablehnung seines Asylgesuchs dann die Freilassung zwei Jahre später. Als er untertauchte, suchten ihn die Behörden in Griechenland – aber eben nur dort.

Also freie Bahn nach Deutschland. Ohne Papiere, ohne Klarheit über seine Person, jetzt wieder als Flüchtling. Wieder als Minderjähriger. Im November 2015 stellt er einen Asylantrag in Freiburg, der zwei Monate später beim zuständigen Bundesamt eintraf. Und dann passierte erst einmal nichts, mit Ausnahme der Unterbringung des in Wahrheit natürlich erwachsenen Hussein K. bei einer Pflegefamilie. Die brutale Vergewaltigung und Ermordung einer jungen Frau im Oktober 2016 beantwortete dann das Gericht nach seiner Entdeckung zu Recht mit lebenslanger Haft und anschließender Sicherungsverwahrung.

Zurück bleibt wieder einmal eine erschrockene, verängstigte und empörte Öffentlichkeit, die angesichts dieses unfassbaren Leichtsinns eines überforderten Staates nach Konsequenzen ruft und den grundgesetzlich garantierten Schutz für sich beansprucht.

Die Antwort auf solche Taten ist bis heute gleich geblieben: Vergesst die Tat möglichst rasch, habt keine Angst, verallgemeinert nicht, bewahrt die Ruhe! Wer sich an dieser kollektiven Realitätsverdrängung nicht beteiligen möchte und trotz medialer und politischer Dauerberieselung ein Ende des Kontrollverlustes einfordert, bleibt ungehört oder wird als Rechtspopulist beschimpft.

Rechtsruck in Europa und die Überforderung unseres Systems

Wie gefährlich das auch für unseren Rechtsstaat und seine Institutionen werden kann, wird konsequent ausgeblendet. Stattdessen werden die Veränderungen in Osteuropa beklagt und bekämpft. In Polen beispielsweise hat die Regierungspartei PIS die Justiz unter politische Kontrolle gebracht: Die Absenkung des Renteneintrittsalters für Richterinnen und Richter beim Obersten Gericht des Staates von 70 auf 65 Jahre ist keine sozialpolitische Wohltat für überarbeitete Juristen. Vielmehr sollen die in den Ruhestand Geschickten möglichst schnell durch regierungstreue Juristen ersetzt werden.

Die Unabhängigkeit der Gerichtsbarkeit haben die neuen Machthaber gleich kassiert; der Nationale Justizrat, zuständig für die Beförderung von Richterinnen und Richtern und bislang von diesen auch berufen, wird künftig vom Justizminister bestimmt. Der kann ohne Rechtfertigung oder Rücksprache auch an ordentlichen Gerichten die Richterinnen und Richter abberufen und neue ernennen. Die EU ist mal wieder empört und kündigt Reaktionen an, aber die polnische Regierung beharrt auf ihrer »Justizreform«.

Mittlerweile hat der polnische Präsident Andrzej Duda völlig unbeeindruckt von den Protesten der europäischen Nachbarstaaten 27 neue Richter für den Obersten Gerichtshof ernannt. Dass die Verfassung dem entgegensteht, interessiert PIS überhaupt nicht.

Man kann gespannt sein, wann auch in Ungarn die Unabhängigkeit der Gerichtsbarkeit endet und unter den Einfluss der Politik gestellt wird. Aus seiner Verachtung für den Obersten Gerichtshof hat Staatschef Viktor Orbán nie einen Hehl gemacht. Nach der Parlamentswahl am 8. April 2018 und seiner Wiederwahl hat Viktor Orbán nun eine Zweidrittelmehrheit im Parlament, und es wäre höchst verwunderlich, wenn er sich diese Gelegenheit entgehen ließe. Gemeinsam mit seiner Partei Fidesz wird es vermutlich auf die Einrichtung eines Obersten Verwaltungsgerichtes hinauslaufen, dessen Entscheidungen nicht vom Obersten Gerichtshof abgelehnt werden könnten. Sieht etwas eleganter aus als in Polen, ist dennoch eine Politisierung der bislang unabhängigen Justiz.

Ähnlich geht es in anderen Ländern zu, in denen rechtspopulistische Parteien das Ruder übernommen und sich mit der Schaffung und Umsetzung »geeigneter Strukturen« zur Festigung ihrer Macht ausgiebig befasst haben. In Deutschland ist das alles unvorstellbar, sagt man. Bis es passiert. Alles schläft, bis die Katastrophe da ist. Noch halten es alle für ausgeschlossen, dass die AfD in einem Bundesland stärkste Fraktion werden könnte. So wie das immer ist in Deutschland, man glaubt es erst, wenn es Wirklichkeit ist. Und eine von der AfD geführte Regierung würde sich vermutlich nicht die Gelegenheit entgehen lassen, erst die Staatsanwaltschaften und anschließend diejenigen Gremien zu vereinnahmen, die für Ernennungen und Beförderungen von Richterinnen und Richtern zuständig sind.

Beurteilungen partei- bzw. regierungstreuer Juristen würden für die notwendigen raschen Beförderungen sorgen. Und wenn solche Beurteilungen »verwaltungsgerichtlich sattelfest« ausgearbeitet sind, wird die Gerichtsbarkeit nicht viel dagegen unternehmen können. Dafür, dass es möglich ist, politisch gewogene Beschäftigte mittels gezielter Beurteilungen in höchste Funktionen zu bringen, gibt es selbst im demokratischen Rechtsstaat Deutschland schon jetzt viele Beispiele.

Klar, ein Schreckensszenario, aber unvorstellbar? Wer hätte eigentlich bis zum Herbst 2018 gedacht, dass die AfD tatsächlich in sämtlichen deutschen Parlamenten vertreten sein würde? Änderungen in der Politik, die ein weiteres Erstarken verhindern könnten, sind bislang jedenfalls nicht erkennbar.

Überforderte Helden in Roben

Gerichte urteilen unabhängig von politischen Vorgaben, Erwartungshaltungen oder Vorlieben, unabhängig von dem, was manche als

»Volksempfinden« oder »Bedürfnisse der Bevölkerung« verstehen. Kein vernunftbegabter Mensch würde diese Errungenschaft unserer Zivilisation abschaffen wollen.

Die Unabhängigkeit der Gerichte sichert allen Menschen in unserem Land Rechtssicherheit, Neutralität und Ungebundenheit derjenigen, die sich beruflich der schwierigen Aufgabe verschrieben haben, Recht zu sprechen und weiterzuentwickeln. Unsere Richterinnen und Richter haben deshalb zu Recht ein hohes Ansehen, sie sind fast die letzten verbliebenen Amtsautoritäten unseres Landes, denen die Menschen Respekt und Achtung entgegenbringen.

So weit, so gut und richtig. Ob das auch künftig so bleibt, hängt nicht allein davon ab, was in unserer Verfassung steht und in den Köpfen der Menschen als zivilisatorische Leistung seit Jahrzehnten anerkannt wird. Denn wo Freiheit und Demokratie bedroht sind, ist auch der Rechtsstaat in Gefahr.

In Deutschland führen wir die politischen Diskussionen über unsere Justiz häufig mit Totschlagargumenten. Wer als Angehöriger von Legislative oder Exekutive die Justiz kritisiert, dem wird sofort vorgeworfen, die Gewaltenteilung abschaffen zu wollen oder sie zumindest nicht zu respektieren.

Mit der Überhöhung von Richterinnen und Richtern zu Wesen, die gottähnliche Weisheit erlangt haben, mit der Verwechslung von Unabhängigkeit mit Unfehlbarkeit tun wir dem Rechtsstaat keinen Gefallen. Zudem blenden wir die Verpflichtung der Politik aus, mit guten Gesetzen dafür zu sorgen, dass die Justiz nicht mit der Gestaltung unserer Lebenswirklichkeit überfordert wird.

Der Fall Sami A. war in vielerlei Hinsicht bemerkenswert. Der Leibwächter von Osama bin Laden hatte es fertiggebracht, mehr als zehn Jahre lang seine Abschiebung zu verhindern. Er gilt als gefährlich und unberechenbar, lebte in Bochum recht unbehelligt, bis die deutsche Öffentlichkeit auf ihn aufmerksam wurde. Ein Gericht hatte den Aussagen seiner Verteidigerin und manchen Organisationen geglaubt, dass in Tunesien missliebige Menschen von der Polizei, den Nachrichtendiensten oder der Justiz, in jedem Fall vom Staat, gefoltert werden.

Man blendet Fakten aus – Tunesien hat einen Menschenrechtsminister und einen funktionierenden demokratischen Parlamentarismus, Hunderttausende Menschen aus Deutschland machen dort in jedem Jahr Urlaub, es ist eines unserer wichtigsten Partnerländer auf dem afrikanischen Kontinent – und beschränkt sich auf die Behauptungen der Anwältin und mancher Organisationen.

Alle diese Behauptungen wären dann ausgeräumt, wenn die tunesische Regierung in einer diplomatischen Note versichert hätte, Sami A. nicht zu foltern. Dies würde der üblichen Rechtspraxis in Deutschland entsprechen. Dann wäre er ohne großes Aufheben abgeschoben worden, und zwar rechtssicher. Auch dieses Vorgehen ist schon lange erprobt. Interessant dabei ist, dass man einem Staat zwar zutraut, seine Landsleute zu foltern, diese Annahme aber mit einer schriftlichen Erklärung entkräften kann. Könnte es sein, dass ein Staat, der foltert, auch lügt? Dann wäre es leichtgläubig, wenn nicht sogar fahrlässig, sich auf eine »diplomatische Note« zu verlassen.

Was muss ein Staat tun, um zu beweisen, dass er einen Bürger nicht foltert? Ihn freilassen? Das genügt nicht, zumindest nicht für die deutsche Gerichtsbarkeit. Bliebe noch die diplomatische Note. Warum stellte Tunesien diese nicht einfach aus, um die Abschiebung von Sami A. zu beschleunigen und alle deutschen Vorbehalte auszuräumen?

Darüber kann man nur spekulieren. So könnte es sein, dass ein stolzes Land, das im Aufbau demokratischer und rechtsstaatlicher Strukturen und Einrichtungen schon sehr weit gekommen ist, sich keine solche Erklärung abringen lässt. Tunesien hat Anspruch darauf, mit Respekt behandelt zu werden. Dazu zählt, dass man einem Land eine öffentliche Erklärung seines Ministers auch abnimmt, statt ihm zuzurufen: »Das wollen wir aber schriftlich haben!«

Mittlerweile ist die diplomatische Note da, die Gerichtsbarkeit hat sich wieder beruhigt, der Fall ist abschließend entschieden. Sami A. bleibt, wo er hingehört, nämlich in Tunesien.

Das deutsche zuständige Gericht formulierte deutlich, dass auch Gefährder, Straftäter und Terroristen einen Anspruch auf effektiven Rechtsschutz und Achtung ihrer Menschenwürde haben. Das garantiert Artikel 1 des deutschen Grundgesetzes:»Die Würde des Menschen ist unantastbar. Sie zu achten und zu schützen, ist Verpflichtung aller staatlichen Gewalt.« Und es ist unbestritten, dass dazu auch die Menschenwürde von Gefährdern, Terroristen und Straftätern gehört.

Doch gelegentlich haben viele Menschen den Eindruck, dass der Staat riesige Ressourcen für den Schutz der Menschenwürde von Terroristen, Totschlägern und Vergewaltigern einsetzt und dabei den Schutz der nicht auffälligen, weil rechtstreuen Menschen vernachlässigt.

Die Polizei soll's richten

Mit dem Vorwurf der»Hetze« müssen regelmäßig all diejenigen leben, die sich erlauben, darauf hinzuweisen, dass die Menschen, die seit Sommer 2015 in unser Land gekommen sind, nicht ausschließlich syrische Bäckerlehrlinge und Ärzte oder afghanische Lehrer und Architekten waren. Der öffentliche Diskurs ist ziemlich einseitig geworden und wird von denjenigen bestimmt, die ihre Aufmerksamkeit auf die gelungenen Beispiele von Integration und Einwanderung beschränken.

Wer freut sich nicht über gelungene Beispiele funktionierender Integration in Deutschland? Etwa die des Auszubildenden aus Hessen, der 2015 aus Syrien kam, rasch die deutsche Sprache lernte, die Schule besuchte und seine Ausbildung zum Rettungssanitäter mit großem Engagement angeht. Offensichtlich ein junger Mann, der es hier schaffen will, der dieses Land nicht ablehnt, sondern sich auf Sprache, Kultur und Mitmenschen einlässt.

Aber es ist falsch, darüber diejenigen aus dem Blick zu verlieren, die exakt das Gegenteil sind. Wie etwa Abdul K., den Strafrichter Stephan Zantke in seinem Buch beschreibt, der angeblich aus Syrien kommt, wo er politisch verfolgt wurde. Der immer wieder Straftaten begeht, immer wieder in Freiheit kommt und immer wieder untertaucht. Was auch immer er tut, das Szenario bleibt gleich: Messerattacken, Schlägereien, Angriffe auf Polizeikräfte. Schon die Feststellung seiner Identität ist ein Problem: Ist er Syrer, Tunesier oder Marokkaner? Was auch immer für das Asylgesuch günstig ist – in Deutschland kann man sich die Nationalität selbst aussuchen und sie notfalls ständig verändern. Wir haben nur wenig dagegenzusetzen.

Für die vielen Straftaten verhängte das Gericht eine Freiheitsstrafe von zwei Jahren und sechs Monaten über ihn. Und ließ Abdul K. wieder frei. Und wieder einmal ist er untergetaucht.

Nicht nur die Polizei, der Justizvollzug und die Politik haben einen Schutzauftrag gegenüber der Bevölkerung, auch die Justiz, auch unsere Gerichte, »alle staatliche Gewalt« eben. Den berechtigten Anspruch darauf, vor Gefährdern, Terroristen und Straftätern Schutz zu bieten, zu erfüllen, obliegt allen staatlichen Akteuren, auch der Justiz.

Deshalb darf sich niemand allein auf die Erfüllung von Ansprüchen derjenigen beschränken, die nun einmal gerade im Fokus der Justiz stehen. Auch diejenigen, die nicht im Verdacht stehen, eine Straftat oder einen terroristischen Anschlag zu verüben, auch wer keine Menschen überfällt oder andere Straftaten begeht, hat Anspruch auf den Schutz durch den Staat.

Und es ist als Forderung nicht vermessen, ihrem Rechtsanspruch mehr Aufmerksamkeit als bisher zu schenken. »Das soll die Polizei machen« ist eine häufig zu vernehmende Reaktion. Da macht man es sich zu einfach.

Die Polizei kann nicht überall im öffentlichen Raum mit ausreichender Präsenz dafür sorgen, dass die vielen schrecklichen Straftaten nicht begangen werden können.

Wie soll man also mit solchen Menschen umgehen, von denen nachweislich immer wieder eine große Gefahr für die Bürger ausgeht? Der Gesetzgeber hat nach langer Zeit dafür gesorgt, dass der Aufenthalt derjenigen rasch beendet werden könnte, die zu mindestens einem Jahr Freiheitsstrafe verurteilt wurden, zumindest theoretisch. Doch das reicht nicht. Trotz Hunderter begangener Straftaten und Gesetzesverstöße sind die Täter oft immer noch in Deutschland. Das akzeptieren die Menschen in unserem Land nicht.

Natürlich sind alle Menschen vor dem Gesetz gleich. Aber nicht alle haben den gleichen Aufenthaltsstatus:

Wenn der 16-jährige Sohn einer Familie in Deutschland aus der Spur gerät, haben seine Eltern ein Problem. Schule schwänzen, kiffen, klauen, prügeln – die Liste der Dinge, die Heranwachsende anstellen können, ist lang. Da müssen oft viele Register gezogen werden, um ihnen klarzumachen, dass es sich nicht lohnt, ständig mit dem Gesetz in Konflikt zu geraten. Es gehört zur elterlichen Fürsorge und Verpflichtung, sich um das Verhalten des Kindes zu kümmern.

Anders sieht es allerdings aus, wenn derselbe 16-jährige Sohn einen Freund mit nach Hause bringt, der möglicherweise vor seinem gewalttätigen Vater geflohen ist und Unterschlupf und Schutz sucht. Auch ihm gegenüber verspüren wir selbstverständlich die moralische Verpflichtung zu helfen. Wir sind freundlich und offen für seine Probleme.

Wenn der aufgenommene Schutzsuchende beginnt, die Familie zu bestehlen, die Einrichtung zu beschädigen oder zu zerstören, die weiblichen Familienmitglieder zu belästigen, hört die moralische Verpflichtung auf. Da wird auch nicht diskutiert, integriert oder geduldet, er fliegt raus, und zwar sofort.

Genau dieses Gefühl scheint dem deutschen Staat abhandengekommen zu sein. Mutlos, schwach und verzagt behandelt er mit unfassbarem Gleichmut diejenigen, die ihn verachten, auslachen und nicht im Traum daran denken, sich einzufügen.

Dem sächsischen Staatsminister des Innern, Roland Wöller, ist ausdrücklich zuzustimmen, wenn er gemeinsam mit anderen prominenten Politikern, etwa dem Tübinger Oberbürgermeister Boris Palmer, die sichere Unterbringung von Personen fordert, deren Identität nicht feststeht oder die bei uns Straftaten begehen.

Wir können selbstverständlich nicht alle sofort abschieben, die Straftaten begehen. Aber niemand kann von uns verlangen, diese Personen in Freiheit unter uns leben zu lassen, mit der Möglichkeit, weitere Straftaten begehen zu können.

Langatmige Erklärungen, warum das so ist, nützen nichts. Die Menschen in Deutschland wollen nicht wissen, warum Intensivtäter nach wie vor unter uns leben und wie ihre Taten, ihre Gewalt und Menschenverachtung zu erklären sind. Sie wollen einfach, dass dies alles aufhört. Und sie haben ein Recht darauf.

Entweder bringen unsere demokratische Politik und freiheitliche Justiz die Kraft auf, das zu schaffen, oder die Menschen werden beides abwählen. Und das ist gefährlich. Zwar gehen Rechtsstaat und Demokratie nicht von heute auf morgen verloren, aber wenn sie erst einmal verloren gegangen sind, wird es lange dauern, sie wiederzuerlangen.

Unsere sogenannten etablierten Parteien haben ein großes Geschick darin entwickelt, selbst mit erklärten Feinden unserer Freiheit »Gespräche zu führen« und Stück für Stück den Boden für Zusammenarbeit und Koalitionen zu bereiten. Dann kommen Regierungsbündnisse zustande, die mancher noch vor wenigen Jahren für unmöglich gehalten hat.

Das kann noch einige Jahre so weitergehen. Schon die Wahlen im Osten Deutschlands werden zeigen, welche abenteuerlichen Konstrukte zustande kommen. Und mancher Möchtegernkanzler aus dem Norden Deutschlands kann eine Kombination CDU/Linke gar nicht abwarten. Politikerinnen und Politiker werden dann dem Wahlvolk die Verantwortung zuschieben, dass es sie nun leider gezwungen habe, doch mit denjenigen zu reden, die die Wählerinnen und Wähler keinesfalls in Regierungsverantwortung sehen wollten.

»Frau Merkel, das muss jetzt in Deutschland passieren!«, titelte die *Bild*-Zeitung am 28. August 2018 nach den Vorfällen im sächsischen Chemnitz. Nicht neu, diese Aufforderung. Schreckliche Nachrichten der vergangenen Jahre folgten immer dem gleichen Ritual. Erst großes Entsetzen von allen Seiten. Dann Formulierung all der Dinge, die getan werden müssen. Sodann Mahnung zur Sachlichkeit und Zurückhaltung. Anschließend zurück zur Tagesordnung.

Jetzt werden erst einmal Zuständigkeiten geklärt. An erster Stelle wird die Schuldfrage für die schlimmen gesellschaftlichen Prozesse der Radikalisierung dem vermeintlich Hauptschuldigen zugewiesen, oftmals ist das die Polizei. Die hat dann wieder einmal versagt.

Das war auch nach den Vorfällen in Chemnitz so. Sehr rasch war die Tötung eines jungen Mannes in Vergessenheit geraten. Und ebenso schnell meldeten sich selbst ernannte Polizeiexperten aus dem Bundestag, um über das Versagen der Polizei zu urteilen. Falsche Lagebeurteilung, zu wenig Kräfte, kein konsequentes Eingreifen – eigentlich wie immer.

Diese »Einsatzexperten« fackeln nicht lange: »Egal zu welchem Aufwand« müssen Polizeikräfte in eine Menge gewaltbereiter Chaoten geschickt werden, um den zu greifen, der den »Hitlergruß« gezeigt hat.

Dass dies eine Straftat ist, die verfolgt werden muss, steht nicht zur Debatte. Aber »egal zu welchem Aufwand«? Also auch um den Preis der Gesundheit oder des Lebens eingesetzter Kräfte? In der wohligen Atmosphäre einer Schreibstube lassen sich solche Forderungen wohlfeil aufstellen. In der harten Realität des Polizeieinsatzes sieht das anders aus.

Die Taten sind dokumentiert, die Verdächtigen identifiziert, die Anzeigen sind erstattet. Jetzt ist die Justiz am Zug, die Strafverfolgung kann stattfinden. Rechtsstaat ja – aber ohne das Leben von Einsatzkräften zu riskieren.

Nach einem Einsatz wissen alle, wie die Lagebeurteilung vor dem Einsatz hätte aussehen müssen. Das war in Köln so, in Hamburg und bei vielen anderen Anlässen. Sie folgt immer dem gleichen Ritual. Entweder war die Polizei zu zurückhaltend, also feige, nutzlos und hat versagt. Oder sie hat mit Gewalt den Rechtsstaat niedergeknüppelt und das Demonstrationsrecht missachtet.

Mehr Polizistinnen und Polizisten braucht das Land! Das kennen wir auch. Vor einiger Zeit haben manche in den Ministerien die Geburtstagslisten ihrer Beschäftigten gefunden und festgestellt, dass die in den letzten 25 Jahren älter geworden sind und jetzt in den Ruhestand gehen, wie es im Gesetz vorgesehen ist. Und neue Planstellen werden gefeiert, als hätte man das Rad neu erfunden. Dass meistens nur pensionsbedingte Abgänge ersetzt werden, bleibt außen vor. Richtig, mehr Polizistinnen und Polizisten braucht das Land – und zwar seit mehr als 25 Jahren!

Aber es war in der Vergangenheit viel schöner, sich mit den Berechnungen von Unternehmensberatern zu schmücken und den Rückzug des Staates als »Bürokratieabbau« zu feiern. Die Schwäche des Staates auf allen Ebenen der öffentlichen Daseinsfürsorge ist das Ergebnis eines historischen Versagens der gesamten politischen Klasse in Deutschland.

Zurück zum Anfang, was wird jetzt passieren? Vermutlich wenig oder nichts wie immer. Vielleicht werden die eine oder andere Arbeitsgruppe oder ein Untersuchungsausschuss gebildet (wenn es dem Wahlkampf dient), ansonsten bleibt es wie bisher. Und natürlich die große Sorge darüber, dass die AfD in einigen Ländern mittlerweile bei 25 Prozent und höher prognostiziert wird. Als ob das jemanden wundert, der sich der Realität nicht verweigert und sieht, wie es im Land unter der Oberfläche brodelt.

Herr Kubicki von der FDP hat Frau Merkel als mitschuldig an den Ereignissen in Chemnitz ausgemacht. Richtig, derselbe Herr Kubicki, dessen größte Sorge noch vor wenigen Wochen der Rückkehr von

Sami A. nach Deutschland galt. Damit der Rechtsstaat nicht zugrunde geht. Und damit ist auch die grundsätzliche Lage in Deutschland beschrieben. Manche üben sich nach wie vor in Willkommenskultur, andere betreiben intensive Rechtspflege. Und wenn das alles um die Ohren fliegt und es mächtig knallt, wird die Polizei gerufen.

Die kann man dann anschließend als »Versager« oder »Schlägertrupp« beschimpfen, je nach Gusto. Und damit auch richtig Schwung in die Spaltung der Gesellschaft kam, rief die Berliner Staatssekretärin Sawsan Chebli (SPD) nach dem Chemnitzer Konzert am 27. August 2018 in einem Tweet zu mehr Radikalität auf: »Wir sind mehr (noch), aber zu still, zu bequem, zu gespalten, zu unorganisiert, zu zaghaft … Wir sind zu wenig radikal.«

Konsequenzen aus solch politischer Ungeheuerlichkeit: null. Und weil sie nicht gefeuert ist, twittert sie noch heute …

Bundesjustizministerin Katarina Barley sieht den Rechtsstaat in Gefahr, glaubt man den Schlagzeilen mehrerer deutscher Zeitungen. Und wer, wenn nicht sie als ehemalige Richterin, sollte dann laut und mahnend die Stimme erheben? Wer sich auf die Lektüre dieser Schlagzeilen beschränkte, atmete auf. Endlich hatte die oberste Dienstherrin der deutschen Justiz die Brisanz erkannt, vor der schon viele andere Menschen lange Zeit vorher gewarnt hatten. Dass ein Rechtsstaat nämlich eines der wichtigsten Elemente seiner Funktionsfähigkeit verlieren könnte: die Zustimmung und das Vertrauen der Bevölkerung, der er verpflichtet ist.

Immerhin stapelten sich mittlerweile die Untersuchungen, die vor allem zwei Dinge feststellten, nämlich die zunehmende Angst immer größer werdender Teile der Bevölkerung vor Kriminalität und Terror, vor Gewalt und Hass einerseits und die gleichzeitig abnehmende Erwartung, dass der Staat willens und in der Lage sei, seine Bevölkerung so zu schützen, wie das Grundgesetz es vorschreibt.

Diese Einschätzung deckt sich mit öffentlichen Feststellungen namhafter Vertreter der deutschen Justiz, wie zum Beispiel des Präsidenten des Richterbundes, Jens Gnisa. Auch die Vereinigung der Berliner Staatsanwälte und ihr Vorsitzender Oberstaatsanwalt Ralph Knispel stellten fest, dass die Umstände in der Berliner Justiz und insbesondere in der Staatsanwaltschaft so gestaltet sind, dass ein funktionierendes Rechtssystem in Berlin nicht mehr vorhanden ist.

Das war eine klare Ansage, mit konkreten Zahlen untermauert. So seien im Jahr 2012 noch 3700 Wirtschaftsstrafverfahren eingestellt worden. Aber im Jahr 2016 waren es dann schon 5600 Verfahren. Kein Wunder, wenn die ohnehin mickerigen zehn Stellen für Wirtschaftsreferenten dann auch noch die am schlechtesten bezahlten in der Republik sind.

Es scheint also in der Tat lohnenswerter zu sein, den Staat nach allen Regeln der kriminellen Kunst zu betrügen, als für ihn zu arbeiten. Aber der Justizsenator in Berlin liefert sogleich beruhigende Nachrichten, dass nämlich auch andere Bundesländer Schwierigkeiten hätten, Personal zu finden.

Für die Hauptstadt hat das natürlich Folgen. Um rund 40 000 Menschen jährlich steigt die Einwohnerzahl. Wer aber geglaubt hat, die Zahl der öffentlich Beschäftigten sei zeitgleich angestiegen, irrt sich. Erst einmal wurde kräftig eingespart, Personal abgebaut, die Infrastruktur überließ man sich selbst und hat sowohl Polizei als auch Justiz kräftig vor die Wand gefahren.

Der Regierende Bürgermeister erklärte dann auch in einem Anfall weltmännischer Erkenntnis, dass eine wachsende Stadt auch einen wachsenden öffentlichen Dienst benötige. Das ist aber schnell gegangen, möchte man meinen, nachdem seine Partei in den Jahren, in denen eher Party, Kommerz und Großmannssucht im Vordergrund standen, fast in Bedeutungslosigkeit versunken war.

Wird eine Straftat begangen und von der Polizei festgestellt oder zur Anzeige gebracht, entsteht ein Vorgang, der zu bearbeiten ist. Da müssen Zeugen befragt, Spuren ausgewertet, Erkundigungen eingezogen werden, damit im Anschluss daran die Staatsanwaltschaft über den Fortgang des Verfahrens entscheidet. So weit, so normal, so rechtsstaatlich.

Leider ist das in etlichen Bundesländern alles andere als normal. Wird nämlich mangels Personal der Vorgang eben nicht bearbeitet, funktioniert selbst dieses schlichte Verfahren nicht mehr. Damit aber die Vorgänge nicht in Vergessenheit geraten und man den Überblick verliert, erhält der Vorgang nach vier Wochen den sogenannten Liegevermerk. Der heißt so viel wie: »Wir hatten keine Zeit, keine Leute, den zu bearbeiten, bleibt also erst einmal liegen!«

Auch an anderen Stellen wird der Rechtsstaat zur Fiktion. Etwa wenn Väter sich davor drücken, Unterhalt für ihre Kinder zu zahlen. Ein mieses Verhalten, richtigerweise unter Strafe gestellt und geächtet. Ein starker Staat duldet so etwas nicht und greift durch. Aber nicht Deutschland.

Das Gerechtigkeitsgefühl derjenigen, die nach der Trennung der Eltern selbstverständlich dafür sorgen, dass der Nachwuchs den festgelegten Unterhalt erhält, ist jedenfalls erheblich beeinträchtigt, wenn sie erkennen müssen, dass der größte Teil der rund 850 Millionen Euro, die der Staat anstelle der Leistungspflichtigen berappt, nicht wieder reingeholt werden kann. Nicht einmal ein Viertel der Beträge fließt zurück.

Der Aufwand dürfte noch wachsen, denn nicht nur ist das Alter der Kinder, für die der Staat einspringt, von 12 auf 18 Jahre angehoben worden, sondern es ist auch die Begrenzung der Bezugsdauer weggefallen.

Wie immer ist es regional unterschiedlich, wie hoch der »Ausfall« ist, in Bayern oder Baden-Württemberg zahlt immerhin rund jeder dritte Pflichtige zurück, was der Staat vorgeschossen hat. In Bremen sind es weniger als 15 Prozent. Der Staat, also der Rechtsstaat Bundesrepublik Deutschland, bleibt auf den Kosten sitzen und wehrt sich nur halbherzig.

Möglicherweise meinte die Justizministerin auch, der Rechtsstaat sei in Gefahr, weil beispielsweise die Zahl der Sexualdelikte kaum angezeigt wird. Die Schätzungen gehen von 70 bis 90 Prozent der Delikte aus, die unterdrückt, verschwiegen und nie zur Anzeige gebracht werden. Aus vielerlei Gründen, wie Fernsehmoderatorin Marlene Lufen in dem viel beachteten Buch *Die im Dunkeln sieht man nicht* schilderte. Nur ein Bruchteil der tatsächlich begangenen Vergewaltigungen in Deutschland wird angezeigt, und von diesen führt vielleicht ein Prozent auch zu einer Verurteilung des Täters. Kein Wunder, dass die Opfer einem solchen Rechtsstaat kein großes Vertrauen entgegenbringen.

Natürlich kann die Justizministerin sich auch darüber Sorgen gemacht haben, dass der deutsche Rechtsstaat vielleicht falsche Schwerpunkte setzen könnte. Dass er zu wenig Ressourcen hat, um Polizei, Nachrichtendienste und Justiz mit notwendigem Personal und moderner Technik auszustatten, um wirklich schwere Straftaten zu bekämpfen, während gleichzeitig das Personal dafür eingesetzt wird, Haftbefehle für Falschparker, GEZ-Verweigerer oder Schwarzfahrer zu vollstrecken. Das wäre ein guter Grund, sich Sorgen zu machen. Immerhin ist ein sinnvoller Einsatz umso wichtiger, wenn nur wenige Ressourcen zur Verfügung stehen.

Aber die Wahrheit ist viel trauriger. Frau Barley sah den Rechtsstaat in Gefahr, weil der Leibwächter von Osama bin Laden nicht nach Deutschland zurückgeführt wurde. Das sind die Schwerpunkte deutscher Justizpolitik.

Geliebter Rechtsstaat

Die Deutschen lieben ihren Rechtsstaat und zwar zu Recht. Es ist grundsätzlich richtig, wenn das Handeln der Exekutive und der Legislative bei Bedarf von unabhängiger Stelle geprüft wird, wenn Staatsanwaltschaften, die Recht und Gesetz verpflichtet sind, Vorwürfe der Strafbarkeit prüfen und wenn in unserem Land nicht die Scharia oder das Gesetz des Stärkeren gelten, sondern demokratisch dazu legitimierte Institutionen die Regeln bestimmen, nach denen unsere Gesellschaft funktioniert.

Die Unabhängigkeit unserer Gerichte ist darum einer der Grundpfeiler unserer verfassungsmäßigen Ordnung. Gerade diese unabhängige Gerichtsbarkeit hat in den Nachkriegsjahrzehnten dafür gesorgt, dass Deutschland ein anerkanntes und geschätztes Mitglied der Weltgemeinschaft geworden ist.

Vermutlich ist die hohe Anerkennung und Wertschätzung unserer Gerichtsbarkeit in Deutschland ein weiterer Grund dafür, dass unsere Justiz in zunehmendem Maße zur »letzten Instanz« auch banaler Interessen wird.

Für den vor Gericht ausgetragenen klassischen »Nachbarschaftsstreit« sind wir Deutschen berühmt. Häufig genug wird darüber gewitzelt, dass wir nicht davor zurückschrecken, unsere Gerichte mit Zweigen zu beschäftigen, die vom Grundstück des Nachbarn auf unseren geheiligten Rasen herüberragen. Auch bei Gartenzwergen kennen wir Deutschen kein Pardon. Es dürfen nicht zu viele sein, sie müssen fröhlich dreinschauen, nicht zu groß und bestenfalls nur eingeschränkt sichtbar sein, dann finden sie die Gnade deutscher Gerichte. Wo kämen wir hin, wenn jeder einfach nur so Gartenzwerge aufstellt, ohne dass Gerichte regeln, wie das zu geschehen hat!

Ob es der nicht verschließbare Reißverschluss der einzigen Hose eines Arbeitslosengeldempfängers ist oder ob es um die Frage geht, ob Sexualverkehr zum »normalen Mietgebrauch« einer Wohnung gehört und wie laut er sein darf – alles beschäftigt unsere Gerichte. Die Betroffenen der Justiz müssen all diese Vorgänge mit der Würde der Justiz begleiten und aburteilen.

Das war in Deutschland schon immer so und angesichts der Überschaubarkeit dieser skurrilen Vorgänge auch aushaltbar. Aber die Zeiten haben sich mittlerweile geändert, leider nicht zum Besseren. Die deutsche Gerichtsbarkeit ist nicht zur letzten, sondern auch zur höchsten Instanz für alle individuellen oder auch gesellschaftlich relevanten Vorgänge geworden. Wer entweder selbst über die notwendigen Mittel verfügt, eine Anwaltskanzlei mit Vorgängen jeglicher Art zu betrauen, die klassische Rechtsschutzversicherung oder gleich die »Prozesskostenhilfe« in Anspruch nimmt, zögert schon lange nicht mehr, los geht's, der Justizzug nimmt Fahrt auf.

»Ich weiß noch nicht, was im Gesetzentwurf stehen wird, und es ist mir auch völlig egal. Ich gehe mit dem Ding sowieso nach Karlsruhe!«, so ein seit Jahrzehnten bekannter Dauergast vor dem höchsten deutschen Gericht.

Im Grunde stehen solche Aussagen für eines der Grundübel der Gegenwart. Der demokratische Diskurs, das Ringen um den richtigen Weg, die politische Meinungsbildung und schließlich das Primat von politischer Entscheidung in der Volksvertretung werden zwar immer noch inszeniert, medial begleitet und dem staunenden Publikum als »politischer Willensbildungsprozess« geboten. Aber der verliert an Wert, wenn am Ende es doch die Gerichte sind, die verkünden, was in Deutschland zu gelten hat.

Anhörungen, parlamentarische Debatten und Lesungen und nicht zuletzt konkrete Entscheidungen von Regierungen und Parlamenten werden verschoben aus Angst, vor Gericht möglicherweise nicht bestehen zu können.

Was als letzte Zuflucht für den Fall galt, dass die Mehrheit im Parlament gegen grundlegende Verfassungsprinzipien verstoßen könnte, ist längst zum politischen Kampfinstrument der Gegenwart geworden. Man zieht vor Gericht, der Wille des Volkes ist erst einmal zweitrangig.

Und wem die Verfassungsgerichtsbarkeit nicht genügt, der bedient sich eines anderen Instruments der politischen Auseinandersetzung: der Strafanzeige. Schnell gefertigt, wird sie zu einer Garantie für Schlagzeilen, egal, was am Ende daraus wird. Auch wer außerhalb des Parlaments unliebsame Zeitgenossen wenigstens eine Zeit lang diskreditieren will, kann die Staatsanwaltschaften dazu nutzen.

In den Medien heißt es dann reißerisch: »Jetzt ermittelt der Staatsanwalt!«, obwohl der vielleicht nicht einmal daran gedacht hat, überhaupt Ermittlungen aufzunehmen, sondern nur den Erhalt einer Anzeige bestätigen kann.

In unserer Welt der Vorurteile und Vorverurteilungen ist das einerlei. Wenn die Staatsanwaltschaft ein Verfahren rasch einstellt oder gar nicht erst aufnimmt, interessiert das niemanden mehr.

Gerechte Strafen oder Kuscheljustiz?

Sind die Vorstellungen von Gerechtigkeit in einer Gesellschaft irrelevant und zu ignorieren oder müssen sich die Akteure des Rechtsstaates sehr wohl Gedanken darüber machen, was die Bedürfnisse der Bevölkerung sind?

Ganz sicher ist, dass der Gesetzgeber Regelungen schaffen muss, die grundsätzlich akzeptiert und verstanden werden, was zugegebenermaßen nicht einfach ist. Aber »alle Staatsgewalt geht vom Volke aus«, so will es unsere Verfassung, und die Volksvertretung hat sich dieser schwierigen Aufgabe zu stellen, den Willen des Volkes nicht zu ignorieren und gleichzeitig dem Populismus zu widerstehen.

»Dem Volk aufs Maul schauen, aber ihm nicht nach dem Mund reden« – so hat es der legendäre CSU-Vorsitzende und ehemalige bayerische Ministerpräsident Franz Josef Strauß formuliert, der dieses Handwerk perfekt beherrschte.

Immer wieder wird die Diskrepanz zwischen Rechtsempfinden und Rechtsanwendung deutlich, wenn Schlagzeilen wie »Skandalurteil«, »Kuscheljustiz« oder »Justizversagen« auf den Titelseiten der Zeitungen prangen. Dahinter steckt dann häufig ein »unfassbar mildes Urteil«, zumindest in den Augen der geneigten Leserschaft, die hierzu in den Kommentarleisten oft weitere Munition liefert.

Professor Dr. Elisa Hoven, die an der Universität Leipzig Strafrecht, Strafprozessrecht und Medienstrafrecht lehrt, hat diese Frage untersucht. In der Tat kamen Probanden, denen Medienberichte über Strafurteile ohne Angaben der Strafhöhe vorgelegt wurden, zu deutlich höheren Sanktionen, als es die »tatsächlichen Urteile« festlegten. Insbesondere da, wo die Rechtsgüter körperliche Unversehrtheit, sexuelle Selbstbestimmung und der Schutz der eigenen Wohnung tangiert waren, lagen die von den Probanden vorgeschlagenen Strafen teilweise erheblich höher.

– Bei einer schweren Körperverletzung (Übergießen des Opfers mit Benzin und Anzünden, dadurch schwere Verbrennungen) »verhängten die Probanden im Durchschnitt neun Jahre Freiheitsstrafe, während das Gericht auf eine Jugendstrafe von dreieinhalb Jahren erkannt hatte«.

– Eine Gruppenvergewaltigung (14-jähriges Opfer wurde durch drei minderjährige und einen erwachsenen Täter vergewaltigt und anschließend bei Minustemperaturen in einen Hinterhof gelegt und dadurch zusätzlichen Gesundheitsgefahren ausgesetzt), wurde vom Gericht mit vier Jahren Freiheitsstrafe für den erwachsenen Täter geahndet. Die Probanden hätten durchschnittlich elf Jahre verhängt. Große Unterschiede auch bei den nach Jugendstrafrecht Verurteilten. Die Probanden hätten im Durchschnitt eine Strafe von sechseinhalb Jahren verhängt, für das Gericht lautete die strengste Sanktion gerade einmal zwei Jahre.

– Strengeres Urteil auch beim Wohnungseinbruch. Der heroinsüchtige und polizeibekannte Täter hatte seinen von Drogen und Kriminalität geprägten Lebenslauf bereits hinter sich, das Gericht verurteilte ihn zu einem Jahr und zwei Monaten ohne Bewährung. Das reichte den Probanden nicht, sie hätten ihn im Durchschnitt für drei Jahre hinter Gitter geschickt.

– Anders beim Vorwurf von Untreue und Bestechung. Der Vermögensschaden war beträchtlich, um Hunderttausende Euro war eine Firma vom Täter geprellt worden, um private Anschaffungen zu finanzieren, zu drei Jahren und sieben Monaten Freiheitsstrafe verurteilte ihn das Gericht. Die Probanden verhängten eine durchschnittliche Freiheitsstrafe von drei Jahren und sechs Monaten, also sogar geringfügig darunter.

Zumindest bei den an dieser Untersuchung beteiligten Personen zeigt sich also, dass die Straferwartung tatsächlich deutlich höher ist, wenn es um Gewaltdelikte geht.

Die Ergebnisse können natürlich dadurch beeinflusst worden sein, dass diese Straftaten ein hohes Empörungspotenzial in sich bergen, in den Medien häufig besonders detailliert dargestellt werden und dass, anders als das Gericht, die »Testpersonen« ausschließlich den Medienbericht als Grundlage für ihre Entscheidungsfindung bekamen. Dennoch ist die Annahme sicher richtig, dass bei Straftaten, bei denen Gewalt angewendet wird, eine deutlich höhere Strafe erwartet wird als die von den Gerichten verhängte.

Ist es Aufgabe von Gerichten, dieser Erwartungshaltung der Bevölkerung gerecht zu werden? Niemand kann eine solche »Stammtischjustiz« wollen. Richterinnen und Richter sind unabhängig in ihrer Urteilsfindung und haben sich an Recht und Gesetz zu halten. Aber dass sie die Wirkung von Urteilen nicht komplett ausblenden, darf man erwarten.

Über die Motive der häufig als unangemessen erscheinenden Milde lässt sich ohnehin nur spekulieren. Vielfach mögen es die Sorgen um die nächste Instanz sein, die das gesprochene Urteil »kassiert« oder deutlich ändert.

Wer die Lebenswirklichkeit vor Gericht kennt, der weiß, dass »kampferprobte« Verteidiger den Weg in die Revision nicht scheuen, wenn für ihre Mandanten ein milderes Urteil zu erwarten ist.

Wer das vermeiden will, sorgt schon in der ersten Instanz für eine gewisse Übereinstimmung zwischen den Prozessbeteiligten. In der Regel sind nur die Opfer und das Publikum entsetzt, und ihre Beschwerdebefugnis hält sich in Grenzen. Und nichts ist so alt wie die Zeitung von gestern.

Der zuständige Adressat für die Behebung des Problems ist der Gesetzgeber. Durch entsprechende Gesetze könnte er die Entscheidungsbefugnis der Gerichte einschränken, also Orientierungen für das Strafmaß gesetzlich regeln und dessen Höhe für Gewaltdelikte sogar steigern. Das muss allerdings auch gewünscht sein.

Damit dürfte er in der Richterschaft auf großen Widerstand stoßen. Beispielsweise könnte der Gesetzgeber auch regeln, dass ein Geständnis sich nicht strafmildernd auswirkt, wenn der Sachverhalt ohnehin ermittelt und die Schuld des oder der Täter nachgewiesen ist. Die als »taktisches Geständnis« bekannte Vorgehensweise am Ende der Beweisführung würde sich dann nicht mehr strafmildernd auswirken. Richtig wäre es.

Welchen Rechtsstaat hinterlassen wir unseren Nachkommen?

Der von der Realität abgekoppelte Rechtsstaat und eine Politik, die sich ihre eigene Lebenswirklichkeit bastelt und die Ängste und Sorgen der Menschen nicht mehr zur Kenntnis nimmt, sondern stets ein fröhliches »Weiter so!« auf den Lippen hat, müssen damit rechnen, dass sich viele Menschen von ihnen abwenden. Und dass sie Parteien wählen, die zumindest vorgeben, das umzusetzen, was sie den Wählerinnen und Wählern versprechen: Ordnung, Schutz und Sicherheit in unruhigen Zeiten.

Wenn unser Rechtsstaat nicht wieder Anschluss an die Realität findet und sich durchsetzt, wird die Freiheit weiter Schaden nehmen. Diejenigen Kräfte werden gestärkt werden, die einen autoritären Staat mit weniger Freiheitsrechten wollen, eine »starke Führung« befürworten und dementsprechend auch wählen werden.

Die Asylpolitik in Deutschland ist nur ein Beispiel dafür, wie der Rechtsstaat ausgehebelt und längst abgehängt ist. Künftige Generationen werden nicht glücklich darüber sein, welchen Rechtsstaat wir ihnen hinterlassen. Geschwächt, gedemütigt, bürokratisch und abgehängt von Gerechtigkeit.

»Das Ende der Gerechtigkeit« hat nicht nur der Vorsitzende des Deutschen Richterbundes Jens Gnisa angekündigt, viele Menschen spüren es täglich vor Gericht – als Opfer von Gewalt, in der zeugenschaftlichen Vernehmung oder als Zuschauer. Wenn wir unseren Nachkommen einen starken Rechtsstaat hinterlassen wollen, müssen jetzt die Weichen dafür gestellt werden.

Viel Zeit ist nicht. In vielen Fällen ist es längst fünf nach zwölf.

Kapitel 2

DIE KRISE DER DEMOKRATIE –
UNSER STAATSWESEN ERODIERT

Die gute Nachricht zuerst: Eine Revolution wird es in Deutschland wohl nicht geben. Für eine gescheite Revolution braucht man Barrikaden, schon um Fahnen aufzuhängen und auf Polizei und Militär zu schießen. Daran wird es scheitern. Man braucht eine Statikberechnung, eine Bauplanung vom Architekten, die Baugenehmigung vom Amt, eine Sondernutzungserlaubnis für das Aufstellen und eine Betriebszulassung. Wenn unsere Revolutionäre auf eine Barrikade steigen wollen, müssen die Treppen nach oben ein Geländer haben, so die Vorschrift. Je nach Standort muss auch eine Umleitungsstrecke eingerichtet werden, um den fließenden Verkehr nicht zu behindern oder gar zu gefährden. Das ist dann nicht notwendig, wenn die Barrikade am Ende einer Sackgasse aufgestellt wird. Das Material des Bauwerks muss umweltverträglich sein und den geltenden Normen für Brandschutz entsprechen. Wie am Flughafen.

Bis man herausgefunden hat, welche Behörden für all diese Genehmigungen zuständig sind, ist die Revolution wieder abgeebbt. Und im Versammlungsrecht müsste der Barrikadenbau ohnehin auch noch verankert werden. Daraus wird also wohl nichts.

Es bleibt also unsere Demokratie, eine andere haben wir ja nicht. Ihre Krise ist offensichtlich. Viele Menschen spüren, dass etwas nicht stimmt. In ganz Europa geraten Dinge aus den Fugen, Deutschland wird isoliert und abgehängt.

Politische Entscheidungen von historischer Tragweite für unser ganzes Land und seine Zukunft fallen über Nacht, in kleinen Runden ausgekungelt oder gleich als einsame Entscheidung gefällt. Das widerspricht dem Wesen der Demokratie als Herrschaftsform, in der die Macht vom Volk ausgeht.

Wenn die Krise der Demokratie bleibt, gerät die Zukunft in Gefahr. Dann werden unsere Nachfahren sich fragen, warum niemand gemerkt hat, dass sie Stück für Stück in Vergessenheit geraten ist und plötzlich nicht mehr da war.

Unmittelbare oder mittelbare Herrschaft des Volkes?

Dieses Volk. Undankbar, nervig, laut, frech. Versteht nichts und will doch mitreden. Migrationspakt, Dieselkrise, Brexit oder Eurokrise, zu allem eine Meinung, von nichts eine Ahnung.

Alle paar Jahre dürfen die Menschen wählen. Und sie dürfen ihre Meinung äußern. Zwar weder zu laut noch zu störend, aber sie werden dafür nicht verhaftet. Immerhin ist das schon etwas.

Und was die immer erzählen. Kriminalität, Verwahrlosung, Gewalt, ich sehe nichts davon. Ich habe die Fachleute gefragt, auch sie sagen, dass alles in Ordnung ist. Deutschland ist schließlich sicherer geworden, die Statistik lügt nicht.

Alles rechte Populisten, Spinner, Verschwörungstheoretiker. Als ob überall Ausländer wären! Wir haben wirklich unser Bestes gegeben, um das alles unter Kontrolle zu halten. Schon ziemlich schlicht, dieses Volk. Man muss doch global denken. Und europäisch. Nicht so kleinkariert. Typisch deutsch, diese Leute.

Sie sollten sich mal meinen Alltag anschauen. Termine ohne Ende. Dann noch Parteitage und Versammlungen. Und mit den

Medien muss ich mich auch noch herumschlagen. Sie wollen immer alles ganz genau wissen.

Die Leute könnten wirklich zufrieden sein. Sie sollen sich in Ländern umschauen, wo es keine Demokratie gibt. Da bestimmt nur eine kleine Clique, was passiert. Nicht wie bei uns, da werden alle beteiligt. Also alle Parteien. Na ja, alle Vorsitzenden. Aber immerhin.

Ohne Volk wäre Demokratie leichter. Aber das geht natürlich nicht. Wer soll uns sonst wählen. Und wenn wir ins Wahlprogramm reingeschrieben hätten, was wir jetzt machen, hätten die Leute uns ja nicht gewählt. Na also.

Kein Politiker würde so denken. Der Text ist rein fiktiv. Aber es gibt viele Menschen, die glauben, dass Politiker so denken. Und das ist schlimm genug.

Liberale Demokratie auf dem Weg ins Abseits: verbraucht, entleert, verhöhnt

Früher wussten die Menschen in unserem Land, wie Demokratie aussieht, wie sie sich anfühlt und anhört. Spannende, lautstarke und leidenschaftliche Debatten im Deutschen Bundestag gehörten dazu. Wichtige Entscheidungen für unser Land waren Gegenstand stundenlanger Debatten, bei denen die unterschiedlichen Positionen der Parteien und ihrer Repräsentanten aufeinanderprallten. Bundeswehr, Sozialgesetzgebung, Ostverträge, Wiedervereinigung – im Bundestag ging es heftig zu. Legendäre Debatten zwischen den führenden Persönlichkeiten von Regierung und Opposition gehören zu unserer Geschichte – und sie sind leider auch Geschichte im wahrsten Sinne des Wortes.

Heute ist Demokratie viel einfacher und leiser. Unsere Rente ist ein solches Beispiel. Sie wird erst einmal mit der Kanzlerin, ihrem Vize und dem CSU-Chef, dann noch mit der SPD-Vorsitzenden besprochen – oder besser gesagt ergebnisoffen vorbesprochen. Klar, da kann es auch keine Ergebnisse geben. Der Gipfel des Parlamentarismus ist dann die Koalitionsrunde, ein mit parteipolitisch sowie exekutiv führenden Personen bestücktes Gremium der Regierungskoalition, da treten dann schon ein paar Menschen mehr zusammen. Immerhin. Bei kleineren Themen wird oft Konsens erzielt, bei größeren herrscht oft Uneinigkeit. Das Ergebnis, auf das man sich geeinigt hat, eine der Schicksalsfragen für Millionen Menschen in der Zukunft, gilt dann. Dann wird noch eine Arbeitsgruppe nachgeschoben, und fertig ist der demokratische Meinungsbildungsprozess.

Manche Fragen darf das Parlament dann doch noch selbst entscheiden, zum Beispiel die »Ehe für alle«. Klar, den Zeitpunkt bestimmt nicht das Parlament (wo kämen wir denn da hin …), sondern die Kanzlerin im Interview mit einer Frauenzeitschrift. Wer die als Abgeordneter nicht liest, ist selbst schuld. Wenn die Kanzlerin gerade neue Formate für parlamentarische Demokratie ausprobiert, muss man halt aufmerksam sein.

Eigentlich war dieses Thema auch nicht als strittige Auseinandersetzung in der Volksvertretung geplant, sondern als Geschenk an die künftigen »Wunsch-Koalitionspartner«, die dann auch zufällig in Konfettijubel des Hohen Hauses ausbrachen. Alberner Karneval in einem Haus, das für sich die »Würde des Hohen Hauses« in Anspruch nimmt. Vergeben und vergessen.

Wer die harten, oft polemischen und von Attacken der unterschiedlichen politischen Akteure geprägten Diskussionen in dem Haus vermisst, in dem das Volk vertreten werden soll, der wird auch künftig enttäuscht werden. Immerhin sitzen dort Fraktionen zusammen, die – bis auf eine – immer auch tatsächliche (in den Ländern) oder gewünschte (im Bund) Koalitionspartner sind.

Monatelang wurden die Deutschen mit dem Bild einer Gruppe von Politikerinnen und Politikern unterhalten, die vom Balkon der Deutschen Parlamentarischen Gesellschaft aus staatsmännisch herabblickten und gelegentlich dem Volk (meistens repräsentiert durch ein paar Pressefotografen und Kameraleute vor dem Balkon) zuwinkten.

Die Möchtegernkoalitionäre von Jamaika mögen sich wie die britische Royal Family gefühlt haben, als sie sich jenseits aller Peinlichkeitsgrenzen in dieser Weise produzierten. Sie sind dabei ganz sicher dem entscheidenden Irrtum erlegen, auch nur annähernd so beliebt bei ihrem Volk zu sein, wie es die Royals in Großbritannien sind. Ebenfalls vergeben und vergessen.

Viel entscheidender ist, dass sich bei vielen Menschen der Dschungelcamp-Effekt der Berliner Regierungspolitik eingestellt und verstärkt hat. Abgehoben und fernab jeglicher Realität, wie in einem Raumschiff ohne Bezug zur Bevölkerung agierend. Es ist eine der für unser Land besten Entscheidungen von Christian Lindner und seiner FDP gewesen, diesem Spuk ein Ende zu bereiten.

Ginge es nach einigen ganz forschen CDU-Granden, ist ja auch die Linke ein möglicher Koalitionspartner. Nicht jetzt, aber vielleicht irgendwann. »Wir wollen das ja nicht, aber wenn die Wählerinnen und Wähler solche Ergebnisse produzieren, sind wir gezwungen, pragmatisch zu sein, denn das Land muss ja regiert werden und braucht eine stabile Mehrheit.« Solche Plattitüden sollen den Blick dafür versperren, was manche in der Volkspartei CDU in Wahrheit wollen: regieren um fast jeden Preis – notfalls auch stramm links.

Ausprobiert und vorbereitet von langer Hand in einigen Bundesländern. Auch da wurde die Union immer wieder »gezwungen«, Bündnisse einzugehen, die ohne ihre linke Politik niemals notwendig geworden wären. Die Mehrheitsbildung wird als kompliziert dargestellt und ist in Wahrheit doch denkbar einfach.

Die lapidare Bemerkung, dass sich die »Wahlergebnisse ihre Koalitionen suchen«, lässt sich übersetzen: »Ihr könnt eigentlich wählen, was ihr wollt. Weil wir alle Schranken nach links abgerissen haben. Da wir ja schon selbst linke Politik machen, wird es jenseits der AfD für uns immer eine Mehrheit geben.

Ihr, das Wahlvolk, seid eigentlich nur noch dazu da, die Frage zu beantworten, welche der linken Parteien von CDU bis Linke wie viele Dienstwagen, Referenten, Staatssekretäre und Ministerposten bekommt. Dann teilen wir das schon unter uns auf und machen weiter wie bisher!«

Ein Überschuss an Meinung: »Die fünfte Gewalt«

Nie ging es der Demokratie in Deutschland besser als heute. Rein theoretisch zumindest. So viele Parteien in unseren Parlamenten, eine riesige Medienlandschaft, Bürgerinnen und Bürger, die sich engagieren, demonstrieren und lautstark protestieren, Initiativen, die sich organisieren und agieren, und Einzelne, die selbstbewusst und konsequent für diese Demokratie eintreten.

Manchmal wirkt das, was geschieht, etwas skurril, wenn 12-Jährige sich vor den Fernsehkameras aufbauen, weil sie mit ihrer Lila-Laune-Demo »ein Zeichen für Demokratie setzen« wollen. Aber sei's drum, vielleicht wird einer von ihnen mal Kanzler.

Wieder anderen ist das alles viel zu viel Meinung. Dann gibt's ein strenges »Netzwerkdurchsetzungsgesetz«, mit dessen Hilfe ungeliebte Meinungen aussortiert werden. Das macht in Deutschland natürlich nicht der Staat selbst, sondern ein beauftragter privater Verein. Aber es funktioniert ja auch nicht wirklich richtig mit der Zensur – gut so.

Unsere Informationsgesellschaft blüht. Früher gab es morgens die Tageszeitung und abends die *Tagesschau*, das war's. Meinungshoheit und Deutungskompetenz lagen bei Politik und einigen Redaktionen von Presse, Rundfunk und Fernsehen. Zur vierten Macht in unserem System der Gewaltenteilung, zur sogenannten publikativen Gewalt öffentlicher Medien, ist eine fünfte hinzugekommen: das Publikum selbst.

»Die Demokratie ist in der Krise!« Der verzweifelte Aufschrei der politischen Linken, wenn Menschen auf die Straße gehen und ihrem Ärger über die derzeitige sozialdemokratische Politik unter Führung der CDU Ausdruck verleihen, erfolgt stets prompt. Aus jedem kleinen Aufmarsch vor irgendeiner Dorfgaststätte wird ein nationales Ereignis gemacht. Die Aufmerksamkeit der Medien wird permanent wachgehalten. Auf eine »rechte Demo« wird flugs eine »linke Gegendemo« organisiert. Na bitte, Demokratie funktioniert doch.

Wo auch immer selbst ernannte politische Tugendwächter »Demokratiefeindlichkeit« entdecken, wird die Empörungsmaschinerie angeworfen, und die Republik ist hellwach. Die Republik ist voll mit kleinen Helden, die tapfer gegen das Ungeheuer »rechts« ankämpfen, das in der Wahrnehmung mancher Menschen die Demokratie im Würgegriff hält. Auch gut so, empört euch, regt euch auf, kämpft gegen die Feinde der Demokratie! Die Unterscheidung zwischen »rechts« und »Rechtsextremismus« ist ohnehin längst aufgegeben. Bekämpft wird, was nicht erkennbar wenigstens ein wenig links ist.

Die liberale Demokratie: Zurück in die Zukunft?

Viele hatten zu Beginn der 1990er-Jahre gehofft, dass jetzt die Geschichte zu Ende ist und Frieden, Wohlstand, Gerechtigkeit und Freiheit überall auf der Welt ausbrechen. Vor allem viele Politikerinnen und Politiker glaubten, dass staatliches Handeln von nun an auf das absolute Minimum reduziert werden könne. Entsprechend entwickelten sie ihre Politik, mit verheerenden Folgen bis heute.

Aber Francis Fukuyama hatte unrecht. Der amerikanische Politikwissenschaftler hatte 1992 mit seinem berühmt gewordenen Buch *Das Ende der Geschichte* weltweit für Aufsehen gesorgt. Die Geschichte ist für Fukuyama keine zufällige Anhäufung von Umständen, sondern eine zielgerichtete Verkettung von Ereignissen. Nach dem Scheitern der totalitären Regime im Ostblock, dem Wegfall von Aggression, Kaltem Krieg, Wettrüsten und gegenseitiger Bedrohung würden nun Freiheit, Rechtsstaatlichkeit und Demokratie überall Einzug halten. Faschismus, Kommunismus und real existierender Sozialismus hätten ihre Überzeugungskraft verloren, zum liberalen Gesellschaftsmodell gebe es keine Alternative mehr. Die liberale Demokratie habe gewonnen.

Fukuyama traf sogar eine Voraussage für die nichtwestlichen Kulturen. Diese würden sich durch »integrative Assimilation« den westlichen Kulturen anschließen, darin aufgehen und ihre undemokratischen Staatsprinzipien über Bord werfen.

Das ist leider nicht eingetreten. Schade eigentlich. In Russland hat sich Putin mit zarenhafter Attitüde fest etabliert, von liberaler Demokratie keine Spur. In etlichen afrikanischen Staaten herrscht Chaos, sie sind zerfallen und im Kampf Jeder gegen Jeden verwüstet. Andere ringen um jeden einzelnen Schritt zur Demokratie und kämpfen gegen islamistische Terrororganisationen, die am liebsten jede aufkeimende rechtsstaatliche Ordnung wegbomben würden. Glaubenskriege, Diktaturen, Bürgerkriege und riesige Flüchtlingsströme nahezu überall auf der Welt.

Es wäre so schön gewesen. Aber die Geschichte ist nicht zu Ende, und schon gar nicht so, wie es sich Fukuyama vorgestellt hat. Für manche scheint sie erst anzufangen. Der türkische Staatschef Erdoğan beispielsweise denkt gar nicht daran, dem westlichen Beispiel der Entwicklung von Freiheit und Rechtsstaat zu folgen, im Gegenteil. Er nutzt die Schwäche deutscher Politik, um seine Machtansprüche in einer Mischung aus Dreistigkeit und Brutalität zu demonstrieren – unter den Augen einer staunenden und schweigenden Kanzlerin und einer entsetzten Öffentlichkeit.

Ohne jegliche diplomatische Rücksichtnahme konnte Erdoğan beim Staatsbesuch im vergangenen Jahr die deutsche Politikelite spüren lassen, was er von ihr hält und wie herablassend er auf Deutschland schaut.

Warum tut er das? Weil er genau weiß, dass Deutschland den ungeliebten »Partner« dringend braucht, um Probleme der Flüchtlingspolitik zu mindern, die es selbst verursacht hat. Und wie zum Beweis seiner Macht lässt er seine Sicherheitskräfte anlässlich der Eröffnung der DITIB-Moschee mitten in Köln schon einmal Polizeiaufgaben übernehmen; die örtlichen Einsatzkräfte der Polizei mussten richten, was Politik anrichtet.

Was viele Menschen anders wollen

Unsere Demokratie ist etwas eingerostet. Viele Abläufe sind ritualisiert, unser Parlament ist ein »Arbeitsparlament« – was die häufige Abwesenheit von Abgeordneten auch bei wichtigen Diskussionen erklärt.

Gesetzesvorhaben sind mittlerweile eine komplizierte Angelegenheit. Viele Vorlagen haben biblische Ausmaße angenommen, gefertigt meistens von Juristen für Juristen. Diejenigen, die das Recht anwenden sollen, bekommen das immer wieder zu spüren.

Der Alltag der politischen Praxis wird von vielen Menschen anders wahrgenommen. Wichtige politische Fragestellungen werden häufig in kleinsten Zirkeln »vorbesprochen«, das sind dann nur drei Personen, nämlich die Vorsitzenden der Regierungskoalition.

Der nächste Höhepunkt politischer Willensbildung findet dann im »Koalitionsausschuss« statt, das sind immerhin schon sieben Personen. Und wenn von dort »Alles klar!« kommt, darf das Parlament noch ein wenig diskutieren und dem Regierungskurs die notwendigen Stimmen für das entsprechende Gesetz geben.

So werden wichtige Gesetzesvorhaben auf den Weg gebracht und durchgesetzt, die für ganze Generationen von Bedeutung sein werden. Arbeitsmarktfragen, Rentengesetze, Wohnungsbau und viele andere grundlegende politische Weichenstellungen werden in solch demokratischer Leichtbauweise konstruiert und durchgesetzt.

Staaten und Banken retten mit dem Geld der Steuerzahler? Dazu braucht es nur die Kanzlerin und ihren Finanzminister. Atomausstieg kann die Regierungschefin alleine. Und auch eine der Schicksalsfragen unseres Landes und vermutlich des ganzen europäischen Kontinents, die Flüchtlingspolitik, wird nicht im demokratischen Willensbildungsprozess von unten nach oben entschieden, da reicht das Handy der Regierungschefin. Ein paar Telefonate, kurze Gespräche, und wer gerade nicht am Telefon erreichbar war, hat eben Pech gehabt, der darf nicht mitmachen.

Wer diese Verfahren kritisiert, wird häufig als »Demokratieverächter« gebrandmarkt – der übliche Weg, um Kritiker mundtot zu machen. Das ist gefährlich und schadet der ohnehin angeschlagenen Demokratie. In Wahrheit ist es nämlich anders: Wer das Verhalten von Politikerinnen und Politikern überhaupt noch beachtet, wer beobachtet, wo durch Rituale echte Defizite entstehen, wer Kritik übt und dies auch laut und öffentlich tut, der ist kein Demokratieverächter, sondern ein Demokratiebeachter!

Niemand Geringeres als der Beauftragte der Bundesregierung für die immer noch so genannten neuen Bundesländer, der CDU-Bundestagsabgeordnete Christian Hirte, antwortet auf die Behauptung eines Interviewers, dass der Bundestag so gleichgeschaltet wahrgenommen würde wie einst die Volkskammer der DDR: »Da ist ja auch ein Hauch Wahrheit dran. Wir müssen zur Kenntnis nehmen, dass Politiker und Journalisten in einer anderen Welt leben als die Mehrheit der Menschen und dass wir oft auch eine andere Sprache sprechen.«

Müssen wir das zur Kenntnis nehmen? Sicher. Aber müssen wir das auch zulassen und erdulden? Mit Sicherheit nicht. Es stimmt ja, wer in der Hauptstadt den Fahrdienst des Deutschen Bundestags nutzen kann, um sich von Termin zu Termin fahren zu lassen, hat eine andere Wahrnehmung als die Krankenschwester, die nach der Spätschicht mit der U-Bahn nach Hause fährt. Aber genau darum geht es in einer Demokratie, nämlich Politik nicht aus der Dienstwagenperspektive, sondern aus der U-Bahn-Perspektive zu machen. Davon sind wir leider weit entfernt. Das zeigt beispielsweise schon die Zusammensetzung der Bundesversammlung, deren einzige Funktion die Wahl unseres Staatsoberhauptes ist. Wer gewählt wird, bestimmen in Wahrheit die Parteioberen hinter verschlossenen Türen, die dem staunenden Volk dann einen Namen verkünden, auf den man sich »geeinigt« habe. Geheimnisvoller kommt nur das päpstliche Konklave mit seinem weißen Rauch und »Habemus Papam« daher.

Neben den Abgeordneten des Deutschen Bundestags und des Bundesrats dürfen die Fraktionen der Parlamente dann auch noch weitere Persönlichkeiten benennen, die an der Wahl des Bundespräsidenten teilnehmen.

Auch dabei zeigt sich, wie die Bevölkerung aus Sicht der Politik wahrgenommen wird. Vermutlich glaubt man in den Fraktionen der Parlamente tatsächlich, dass »das Volk« aus Schlagersängern, Sportlern und ihren Funktionären, Schauspielern und skurrilen Kiezgrößen besteht.

Schon diese Veranstaltung ist ein Grund mehr für die Forderung, das Staatsoberhaupt vom Volk wählen zu lassen. Das wird spannender, aufregender und vor allem anstrengender werden. Aber Demokratie darf, ja muss sogar anstrengend sein, darf manchmal sogar wehtun.

Spätestens dann, wenn etablierte Parteien es sich in ihr so richtig gemütlich gemacht haben, muss etwas geändert werden.

Unsere Parteiendemokratie

Mit unserer Demokratie hat es eine seltsame Bewandtnis. Dabei wollten die Mütter und Väter des Grundgesetzes es deutlich und einfach zum Ausdruck bringen: Alle Staatsgewalt geht vom Volk aus. Ist das noch so? In der Praxis sieht es anders aus. Zweifelsohne stellt eine Bundesregierung einen wichtigen Teil der Staatsgewalt dar. Aber geht die noch vom Volk aus? Bei der Bundestagswahl am 24. September 2017 haben die Wählerinnen und Wähler einen neuen Bundestag gewählt. Genau 709 Abgeordnete aus sieben Parteien und sechs Fraktionen, ein stolzes, großes Parlament.

Die Bundeskanzlerin oder der Bundeskanzler wird aus der Mitte des Deutschen Bundestags gewählt. Auch das haben die Verfassungsgeber schlicht und verständlich aufgeschrieben. Die Wählerinnen und Wähler haben es dem Parlament nicht leicht gemacht, denn keine Fraktion hat so viele Mandate, dass sie das allein hinbekäme. Deshalb ist es logisch und demokratisch, darüber zu sprechen, wie man zusammenarbeiten kann. In der Folge wählt man gemeinsam eine neue Bundeskanzlerin oder einen neuen Bundeskanzler und stimmt auch in den Folgejahren möglichst einheitlich, damit eine stabile Mehrheit im Parlament verlässliche Mehrheiten bildet.

Das ist die Theorie. Aber das Parlament verhandelt gar nicht, sondern hält sich weitgehend raus. Die Parteien beziehungsweise ihre Spitzenvertreter verhandeln. Bei dem gescheiterten Versuch, eine Koalition aus CDU/CSU, Grünen und FDP zu bilden (Jamaika) waren ausschließlich Parteivertreterinnen und -vertreter auf dem Balkon der Deutschen Parlamentarischen Gesellschaft zu sehen, die den Fotografen zuwinkten. Teilweise gehörten sie nicht einmal dem Parlament an, dennoch durften sie darüber verhandeln, wie das Parlament in den künftigen vier Jahren abzustimmen habe.

Hier läuft etwas gehörig schief. Unser Grundgesetz will ausdrücklich nicht, dass alle Staatsgewalt von den Parteizentralen der Republik ausgeht. »Die Parteien wirken an der politischen Willensbildung mit«, auch das ist klare Verfassungssprache. Aber nicht nur die Medien und die Bevölkerung, sogar die Abgeordneten selbst haben sich längst daran gewöhnt, dass sich das Parlament am Zustandekommen der Regierung eigentlich kaum beteiligt. Die Parteioberen verhandeln und beschließen, die Parteitage (oder manchmal die Parteimitglieder) stimmen ab, und das Parlament vollzieht den Willen der Parteien. Das wollte unser Grundgesetz so nicht.

Der Parlamentarische Geschäftsführer der SPD, Carsten Schneider, war Ende 2017 schon auf der richtigen Spur, als er eine Stärkung des Parlaments forderte. Aufgrund der starken Mehrheit der Großen Koalition der vergangenen vier Jahre hätte die Kontroverse im Bundestag gefehlt, meinte er.

Dieses Problem hat die neue Große Koalition ja nicht, denn groß ist sie dank eigener Politik wirklich nicht mehr, und für Kontroverse ist auch gesorgt. Aber eigentlich hätte man von einem Parlamentarischen Geschäftsführer erwartet, dass er die verfassungsmäßigen Rechte des Parlaments einfordert, nämlich selbst darüber zu verhandeln, welche Bündnisse (Koalitionen) es eingeht, wen es wählt und welche Politik es machen will.

Die Vertretung des Volkes wartet brav darauf, was die Parteien auskungeln. So nehmen Wählerinnen und Wähler es wahr und verlieren immer mehr Vertrauen in die Funktionsfähigkeit unserer Demokratie. Denn nicht Parteimitglieder oder ihre Funktionäre, sondern gewählte Volksvertreterinnen und -vertreter sollen über die Regierung bestimmen und sie kontrollieren – das sind die Prinzipien der parlamentarischen Demokratie.

Und was tut der Präsident des Deutschen Bundestags? Erhebt er kraftvoll seine Stimme und mahnt die Fraktionen, ihre Pflicht zu tun und ihre Kompetenzen und verfassungsmäßigen Rechte einzufordern? Mitnichten. Wolfgang Schäuble schrieb am 24. Dezember 2017 in »Der Kompromiss als Mutprobe« in der *Welt am Sonntag* ausführlich über die Notwendigkeit des Kompromisses in der politischen Auseinandersetzung. Eine Binsenweisheit der parlamentarischen Demokratie.

Gleichzeitig lässt er uns aufhorchen, denn in demselben Artikel schrieb er: »Auf komplizierte Herausforderungen gibt es keine einfachen Antworten.« Auch daran ist nichts falsch. Die Verfassung ist nicht kompliziert, sondern eindeutig: »Alle Staatsgewalt geht vom Volke aus.« Aber sogar solche einfachen Sätze sind für unsere Parteiendemokratie schon zu schwierig geworden.

Höchste Zeit also für eine Reform des Parlamentarismus. Weg von der Parteiendemokratie, die viel zu oft dem Mainstream, den Umfragen oder Kommentaren in den Medien folgt. Wir brauchen wieder echten Parlamentarismus, mit selbstbewussten Abgeordneten, die ihren Auftrag als vom Volk gegeben wirklich wahrnehmen, ohne mit einem Auge immer darauf zu schielen, was die jeweilige Parteiführung gerade will.

Unzählige Male ist unsere Verfassung geändert worden, die Vorbereitungen dazu wurden in den seltensten Fällen im Parlament getroffen, meist waren es Parteizirkel oder von den Partien eingesetzte Arbeitskreise, wie z. B. bei der sogenannten Föderalismusreform. Dennoch stellen Verfassungsexperten immer wieder Verfassungsverstöße fest, an die wir uns fast gewöhnt haben.

Das muss sich ändern. Wir können von der Bevölkerung nicht erwarten, dass sie sich ein Ticket für den Nahverkehr kauft, bei Rot stehen bleibt, nicht zu schnell fährt und richtig parkt, wenn andererseits unser Grundgesetz mit Füßen getreten und je nach Belieben der Parteien verändert oder einfach ignoriert wird.

Stelle man sich vor, unsere Demokratie wäre ein Auto, das in regelmäßigen Abständen zum TÜV muss, damit es auf seine Verkehrssicherheit geprüft wird. Schon mehrere Male hätte es das Prädikat »Erhebliche Mängel – Wiedervorführung erforderlich« gegeben. Das ist nicht so einfach, wir können nicht so lange wählen, bis unseren Parteien die Ergebnisse passen.

Deshalb ist es umso wichtiger, dass unsere Parteien mit dem Votum der »TÜV-Prüfer«, also der Wählerinnen und Wähler, sorgfältig umgehen. »Wahlergebnisse suchen sich ihre Koalitionen«, sagte ein wichtiger Parteivorsitzender nach der letzten Bundestagswahl, und er hat damit zweifellos recht. Aber vor allem die Unverbindlichkeit von Aussagen demokratischer Parteien beschädigt unsere Demokratie.

Das Wahlvolk: Schlauer, als die Demokratie erlaubt?

Wählerinnen und Wähler sind schlauer, als manche Parteien glauben. Natürlich wissen sie, dass ihre Stimme für eine bestimmte Partei nicht bedeutet, dass damit alle Wünsche in Erfüllung gehen, die im Wahlprogramm dieser Partei stehen. Koalitionen sind Kompromisse, da bleibt manches auf der Strecke, die Zeit absoluter Mehrheiten ist längst vorbei.

Aber das Wählervotum ist nicht das Eigentum der Parteien. Wenn Wählerinnen und Wähler das Gefühl haben, mit ihrem Votum wird beliebig umgegangen, wenden sie sich ab. Wer beispielsweise bei der Bundestagswahl CSU wählt, der weiß genau, dass es am Wahlprogramm der CSU Abstriche geben wird, wenn sie mitregiert. Dafür sorgt ja schon die CDU, die in den letzten Jahren in weiten Teilen nicht so richtig weiß, ob sie sich politisch direkt zwischen Rot-Grün oder gleich komplett links davon niederlassen soll.

Aber trotzdem glaubt die CSU-Wählerschaft durchaus, dass es politische No-Gos gibt. Dazu zählt beispielsweise die politische Gemeinsamkeit mit den Grünen. Deshalb haben viele enttäuschte Wähler fassungslos auf die Jamaika-Verhandlungen geschaut. Nie waren Unionswählerinnen und -wähler von ihrer Partei weiter entfernt als in dieser Zeit.

Man mag ja einwenden, dass es in der Zusammenarbeit mit Repräsentanten der Partei Bündnis 90/Die Grünen vor Ort in den Kommunen und Landtagen einigermaßen gut gelingt, passable politische Ergebnisse zu erzielen. Boris Palmer ist ein ausgezeichneter Oberbürgermeister von Tübingen, und so manche Mitglieder von Landesregierungen machen eine ordentliche Arbeit.

Wenn die Demokratie gestärkt und politischer Extremismus zurückgedrängt werden soll, muss eine gründliche Renovierung der parlamentarischen Praxis und der Instrumente her. Da nützen ein paar Regionalkonferenzen, Sonderparteitage, Mitgliederbefragungen und Onlinebeteiligungen am Parteiprogramm wenig.

Funktionärseliten unter sich: Demokratie war gestern

Treffen sich drei Parteifunktionäre in einer wichtigen Regierungsbehörde – so könnte fast ein Witz beginnen, ist aber keiner. Denn es waren Angela Merkel, Horst Seehofer und Andrea Nahles, die sich ausdrücklich in ihren jeweiligen Funktionen als Vorsitzende ihrer Parteien im Kanzleramt versammelten, um über den Präsidenten des Bundesamtes für Verfassungsschutz, Hans-Georg Maaßen, einen integren, verfassungstreuen Mann und einen der fähigsten Köpfe deutscher Sicherheitsbehörden, zu beraten – als wäre er ihr Eigentum.

Und nicht nur er gehört zur Beute der Parteien. Bis tief in die Linienfunktionen greift deren Arm, etwa wenn es um die Besetzung von Spitzenfunktionen oder die Grundausrichtung der Behörden geht. Und da wundert es natürlich niemanden, wenn bis in niedrigste Besoldungsgruppen hinein die Vorstellung herrscht, dass man eine bestimmte politische Erwartungshaltung zu erfüllen habe, um ein »fähiger Beamter« zu sein.

Die Berliner Polizei bekam demonstriert, wohin es führen kann, in der »falschen Partei« zu sein. Während der frühere Innensenator Frank Henkel (CDU) noch ein rechtsstaatliches, gerichtsfestes und schlüssiges Auswahlverfahren für die Auswahl eines Polizeipräsidenten in der Hauptstadt durchgeführt hatte, demonstrierte sein Nachfolger Andreas Geisel (SPD), wie jetzt der Wind in Berlin weht: Wer kein Sozi ist, wird vom Hof gejagt, wenn es der Partei gerade so passt. Die CDU in der Opposition ließ es geschehen. Kann ja sein, dass sie wieder regiert, dann geht es halt andersherum. So ist das in der Parteiendemokratie.

Wie mit dem verdienten Berliner Polizeipräsidenten Klaus Kandt umgegangen wurde, ist an politischer und menschlicher Schamlosigkeit kaum zu überbieten und zugleich eine klare Botschaft an all diejenigen, die nach Spitzenfunktionen Ausschau halten:»Ihr seid das Eigentum der Partei, seid brav und haltet den Mund, sonst ergeht es euch ähnlich!«

Fast überflüssig zu erwähnen, dass bis heute kein Bild des ehemaligen Berliner Polizeipräsidenten in der Galerie seiner Amtsvorgänger hängt – als hätte es ihn nie gegeben. Geschichtsklitterung im demokratischen Alltag der Hauptstadt.

Dies alles ist die Folge jahrzehntelanger politischer Praxis rechtswidriger Ernennung politischer Beamter, die nicht, wie zum Beispiel Hans-Georg Maaßen, tatsächlich enge Berater ihres jeweiligen Ministers sind. Präsidenten von Behörden, die ihren Minister bestenfalls gelegentlich im Fernsehen oder bei Kongressen zu Gesicht bekommen oder in Wahrheit leitende Angestellte ihres Ministeriums sind, gibt es zuhauf. Alles rechtswidrig, weil einem eindeutigen Urteil des Verfassungsgerichts widersprechend. Im Parteienstaat geht alles, der Rechtsstaat bleibt außen vor.

Der verlängerte Arm des Parteienapparats: Der Fall Hans-Georg Maaßen

Im September 2018 bekommt das Publikum zu sehen, wie in der Praxis mit Errungenschaften unserer Demokratie umgegangen wird. Der Chef des Verfassungsschutzes hat eindeutig das Vertrauen seines Ministers, eine der wichtigsten Voraussetzungen dafür, als politischer Beamter in seinem Amt zu bleiben. Aber er durfte trotzdem nicht. Zu groß war der mediale Druck, ausgeübt vor allem von den Jungsozialisten der SPD und ihrem Vorsitzenden Kevin Kühnert.

Wer die deutsche Politik betrachtet und auch nur einigermaßen etwas von den Dimensionen terroristischer Bedrohungen versteht, wendet sich mit Fassungslosigkeit ab. Weltweiter Terror bedroht Europa und auch Deutschland, religiöse Fanatiker rufen in Moscheen mitten in Deutschland zum Kampf gegen die »Ungläubigen« auf, Netzwerke verschiedenster Art gefährden unsere Sicherheit, und Parallelgesellschaften haben sich seit Jahrzehnten etabliert und überschneiden sich mit anderen Akteuren, die unsere freiheitliche Ordnung bedrohen.

Und just in einer solchen Phase machen sich Medienvertreter und Politiker über einen der fähigsten Köpfe im Kampf gegen diesen Terror in einer Weise her, die man nur als zynisch bezeichnen kann. Sogar die Ministerialzulage, die nach seinem Wechsel ins Bundesinnenministerium per Gesetz Bestandteil seiner Bezüge wurde, schaffte es auf die Seite 1 der Tageszeitung *Die Welt* – immerhin etwas mehr als 400 Euro monatlich. Zwar wäre im Gegenzug die Sicherheitszulage weggefallen, die Maaßen als Präsident des Verfassungsschutzes erhielt. Diese war aber mit rund 200 Euro nur halb so hoch.

Und der Drahtzieher dieses beschämenden Schauspiels war ein 30-jähriger junger Mann, der mehrere Studiengänge begonnen, aber nicht abgeschlossen hatte und dessen Qualifikation in linker Parteiarbeit und Profilierung bei Deutschlands Jungsozialisten bestand. Das deutsche Publikum erlebte wieder einmal, dass sich seit der Berichterstattung über den damaligen Bundespräsidenten Christian Wulff nichts geändert hatte: Es fehlt weiterhin an Nachdenklichkeit, Zurückhaltung und dem nötigen Respekt.

Hans-Georg Maaßen war wegen umstrittener Äußerungen über die Vorfälle in Chemnitz von Ende August 2018 ins Kreuzfeuer der Kritik geraten. Der *Bild*-Zeitung hatte er am 7. September gesagt: »Die Skepsis gegenüber den Medienberichten zu rechtsextremistischen Hetzjagden in Chemnitz wird von mir geteilt. Es liegen dem Verfassungsschutz keine belastbaren Informationen darüber vor, dass solche Hetzjagden stattgefunden haben.« Maaßen hatte nichts anderes als seine Pflicht getan, nämlich vor allzu schneller Festlegung und Bewertung eines Videoausschnitts zu warnen, wohl wissend, dass im Internet immer wieder Sequenzen zu sehen sind, die zu Stimmungsmache und Hetze geeignet, aber in Wahrheit nicht unbedingt echt sind.

Maaßen wurde aufgefordert, Beweise dafür vorzulegen, dass er keine Beweise habe. Dabei ist doch sehr eindeutig, dass die Forderung nach Vorlage von Beweisen für das Nichtvorhandensein von Beweisen mindestens ein deutliches Indiz für das Nichtvorhandensein gesunden Menschenverstandes ist.

Der einzige Fehler von Hans-Georg Maaßen war, sich darauf zu verlassen, dass das Demokratieprinzip der Gesetzmäßigkeit der Verwaltung, ein wichtiger Bestandteil der freiheitlich demokratischen Grundordnung, uneingeschränkt Gültigkeit hat. Überparteilich und nur dem Recht und Gesetz verpflichtet, so müssen Behörden geführt werden.

In der Realität sind sie längst der Willkür von Parteifunktionären ausgeliefert. Die Tendenz hat sich umgekehrt: Es scheint nicht mehr wichtig zu sein, ob ein Behördenleiter rechtmäßig und taktisch richtig agiert, sondern sein Verhalten und seine Aussagen müssen den Parteifunktionären gefallen, sonst wird er den Medien zur öffentlichen Demontage hingeworfen – und die allermeisten machen dankbar mit.

Noch skurriler wurde es, als nach langer Sitzung in der von den drei Parteifunktionären genutzten Regierungszentrale namens Kanzleramt eine Lösung in Sicht war und diese nach wenigen Tagen wieder gekippt wurde. »Die Bevölkerung« sei mit der Lösung nicht einverstanden gewesen, dass der Behördenleiter Maaßen Staatssekretär werden würde. Eine ausschließlich von Neid und Missgunst geprägte Sichtweise, nicht mehr. Und dieses Votum »der Bevölkerung« führte dann zu neuen Verhandlungen der drei Funktionäre.

Die Bevölkerung? Die ist bis heute nicht danach gefragt worden und hatte nur selten Gelegenheit, diese Vorgänge zu kommentieren, etwa in den Kommentarspalten der Zeitungen oder den Portalen der sozialen Netzwerke. Für Andrea Nahles ist »die Bevölkerung« eben nicht die Welt außerhalb der SPD. Es sind jene Funktionäre, die ihr die Hölle heißgemacht haben, nachdem das von ihr im SPD-Alleingang verabredete Ergebnis ruchbar geworden war.

Und da ist sie wieder, die riesige Entfernung von Politik und Lebenswirklichkeit, die Entfremdung von der Bevölkerung, das Leben im Raumschiff Berlin, das auf dem Weg in immer fernere Galaxien zu sein scheint und die staunende und kopfschüttelnde Bevölkerung mit ihren Sorgen und Problemen auf der Erde zurücklässt.

Die Frage ist gerechtfertigt, ob nicht das Volk bzw. dessen Vertretung, also der Deutsche Bundestag, hätte eingreifen und wenigstens einmal darüber hätte debattieren müssen, wie drei Parteivertreter mit einer der wichtigsten Sicherheitsbehörden im Land umgehen.

Das hat der Innenausschuss des Bundestages unter seiner Vorsitzenden Andrea Lindholz MdB (CSU) am 12. September letzten Jahres auch sehr ausführlich getan. Unter dem einzigen Tagesordnungspunkt der Sitzung »Beurteilung der im Zusammenhang mit der Tötung von Daniel H. in Chemnitz stehenden Ereignisse durch das Bundesamt für Verfassungsschutz« beantwortete Hans-Georg Maaßen geduldig die Fragen der Abgeordneten.

Sehr ausführlich legte er dar, warum und in welcher professionellen Differenziertheit er seine Zweifel an dem Videoausschnitt aus Chemnitz geäußert hatte. Warum es wichtig ist, Sachverhalte zunächst zu prüfen und zu bewerten, statt sich sofort öffentlich auf eine bestimmte Analyse festzulegen.

Und genauso ausführlich erklärte der Sicherheitsprofi, dass er sich ausdrücklich nicht auf den Ausdruck »Hetzjagden« festgelegt, diese aber ausdrücklich auch nicht bestritten habe. Wie denn auch, schließlich hatten weder er noch die zuständigen Sicherheitsbehörden zu diesem Zeitpunkt belastbare Informationen darüber!

Hans-Georg Maaßen informierte die Abgeordneten mit Nachdruck über das Thema Desinformation und wie wichtig es ist, zwischen Fälschung, Verfälschung und falschen Darstellungen durch die

Verbreitung echter Informationen in anderen Zusammenhängen zu unterscheiden. Jedenfalls für Sicherheitsbehörden ist das wichtig. Sollte sich nämlich später herausstellen, dass solche Fake News zu schnell als echte Nachrichten verbreitet wurden, dürfte dies die Medienskepsis und den weiteren Konsum dubioser Internetquellen eher verstärken. Wie mithilfe solcher Instrumente die Stimmung aufgeheizt und falsche Informationen verbreitet werden, hat unter anderem auch der G20-Gipfel in Hamburg im Juli 2017 deutlich gezeigt. Was stört es die Parteioberen, wie das Parlament informiert wird und was die Volksvertretung über einen solchen Sachverhalt denkt? Das Urteil war zu diesem Zeitpunkt längst gefällt, die Parteipolitik hatte gesiegt, Maaßen musste weg – Kevin Kühnert, der Bundesvorsitzende der Jusos, hatte gewonnen.

Unsere Verfassung hat den Parteien jedenfalls eine völlig andere Rolle zugewiesen als die Besetzung von Führungspositionen in Sicherheitsbehörden. »Sie wirken an der politischen Willensbildung mit«, so wollte es einmal das Grundgesetz. Davon sind wir weiter entfernt als je zuvor.

Der ganze Vorgang Hans-Georg Maaßen verfehlt seine Wirkung auf die öffentliche Verwaltung in Deutschland sicher nicht. Im Zweifel werden Führungskräfte auf dem Altar der Parteipolitik geopfert, es gibt keine Rücksichtnahme auf den einzelnen Menschen, keine Menschlichkeit und keine Fürsorgeverpflichtung. Egal, was im Gesetz steht, einzig Machterhalt und Parteiinteressen sind wichtig und ausschlaggebend.

Und so kann aus einem der wirkungsvollsten Pfeiler unserer Demokratie, nämlich aus einer funktionierenden öffentlichen Verwaltung, die parteipolitisch neutral und nur Recht und Gesetz verpflichtet ist, ein Gehorsamsapparat für Parteifunktionäre werden.

Die Folgen einer solchen Entwicklung wären verheerend, aber sie sind teilweise schon jetzt deutlich erkennbar. Verunsicherte Führungskräfte, die immer erst nach dem möglichen Willen der jeweiligen Regierungspartei Ausschau halten, und Beschäftigte, die nicht darauf hoffen dürfen, nach ihrer Leistung und der Qualität ihrer Arbeit bewertet zu werden, sondern nach parteipolitischen Präferenzen. Eine durchpolitisierte Verwaltung, die als verlängerter Arm des Parteienapparats nur noch dessen Willen ausführt.

Das Ende des Falls Hans-Georg Maaßen ist bekannt. Ein Anlass war rasch gefunden, vorzeitiger Ruhestand. Rasch noch die Drohung mit der »Prüfung eines Disziplinarverfahrens« hinterher, damit Ruhe herrscht.

Ein redegewandter Jungfunktionär hatte eine gesamte Bundesregierung vor sich hergetrieben, die vor allem von der Angst vor dem eigenen Wahlvolk getrieben war. Ein Ende der Koalition schwebte wie ein Menetekel über ihr: Nur keine Neuwahlen! Regierung zum Selbstzweck, das Programm heißt: Bundeskanzlerin sein.

Der Kampf gegen Rechts: Illusionen und Irrtümer

Die wirksame Bekämpfung des Rechtsextremismus in Deutschland kann nur gelingen, wenn man die Nachrichtendienste und die Polizei mit ausreichendem Personal, moderner Technik und ausreichenden Befugnissen ausstattet.

Genau das geschieht aber nicht. Unsere Verfassungsschutzbehörden werden misstrauisch beäugt, gebremst und verächtlich gemacht. Für manche Parteifunktionäre sind sie der »Staatsfeind Nummer eins«, für andere der störende Faktor, den man unschädlich machen muss. Für wieder andere sollen sie instrumentalisiert werden, um sie gegen den politischen Gegner einzusetzen.

Der Satz des ehemaligen bayerischen Ministerpräsidenten Franz Josef Strauß »Rechts von der Union darf es keine demokratisch legitimierte Partei geben« gilt nicht mehr. Er wurde abgelöst durch eine neue CDU-Doktrin: Wir machen linke Politik selbst, dann werden wir in jedem Fall regieren, egal, wie groß die demokratische Alternative rechts von der Union wird!

Es könnte eine der historischen Fehleinschätzungen der Union werden. Jedenfalls hat die bisherige Linie ausschließlich zu einem Erstarken der AfD geführt. Über den Umgang mit dieser Partei gibt es unzählige Geschichten, die allesamt geprägt sind von tief sitzender Verzweiflung von Menschen, die einfach nicht glauben wollen, was sie doch täglich erleben, dass alle bisherigen Konzepte gegen die AfD versagt haben. Die Einbringung des Bundeshaushalts für das Jahr 2019 am 12. August vergangenen Jahres war ein solcher Verzweiflungstag. Nach einer eher unspektakulären Rede des Oppositionsführers Alexander Gauland rasteten andere Abgeordnete verbal aus. Der eine wollte die AfD, am besten ihre Wählerschaft gleich mit, auf den »Misthaufen« befördern, der andere arbeitete sich in primitiver Wut am äußeren Erscheinungsbild der Abgeordneten der Fraktion der AfD ab, die von mehr als 6 Millionen Bürgerinnen und Bürgern in den Deutschen Bundestag gewählt worden waren. Wieder andere trugen mit »Arschlöcher!« zur neuen Debattenkultur bei. Es wird immer ein Geheimnis der sogenannten etablierten Parteien bleiben, warum ihre Politik gut und richtig sein kann, wenn sie im Ergebnis zu einem immer stärkeren und dynamischeren Anwachsen der AfD führt.

In Europa geht der Prozess der Etablierung rechter politischer Parteien und Regierungen rascher. Die noch vor Jahren gültige Formel, dass Deutschland nur noch von Freunden umgeben sei, ist großer Ernüchterung gewichen. Klar, man ist gemeinsam in einem Bündnis, man redet miteinander, und das ist allemal besser, als aufeinander zu schießen. Aber von Freundschaft kann kaum noch die Rede sein.

Auch in Deutschland ist eine Entwicklung erkennbar, die scheinbar unaufhaltsam vorangeht. Die sogenannten Volksparteien werden offensichtlich nicht mehr gebraucht und taumeln ihrer Bedeutungslosigkeit entgegen. Offensichtlich haben sie ihre wichtigsten Funktonen in der deutschen Nachkriegszeit aufgebraucht und erfüllt.

Eine der entscheidenden Aufgaben für die Sozialdemokratie war die Überführung der deutschen Arbeiterschaft in die gesellschaftliche

Mittelschicht, der Ausgleich sozialer Ungleichheit und Bildungsun-
gerechtigkeit, die gezielte Förderung sozialer Unterschichten hin zu
mehr gesellschaftlicher Anerkennung, Wertschätzung und Teilhabe.
Für die erst nach dem Krieg gegründeten Unionsparteien mit ihren
im Wesentlichen wirtschaftsliberalen, christlich-sozialen und wert-
konservativen Flügeln haben sich ebenso viele Aufgaben erledigt.
Wiederaufbau, Westbindung, Sozialgesetzgebung und Soziale Marktwirtschaft, transatlantische Partnerschaft und Wiedervereinigung –
alles geschafft, Mission erfüllt.

Für die Formulierung und Erfüllung neuer Herausforderungen fehlen
den Volksparteien offensichtlich die Kraft, die Fantasie und das Personal. Natürlich kommen immer wieder junge Menschen als Mitglieder
hinzu, aber nirgendwo sind neue Gedanken, Strategien oder verändertes
Verhalten der Funktionärselite erkennbar – die Anziehungskraft nimmt
weiter ab.

Es wird wohl auch in Deutschland eher projektbezogene, zeitlich
begrenzte Bündnisse oder Organisationen geben, vielseitige Allianzen,
fragil und kurzlebig, dafür konkreten politischen Zielen und Projekten
verpflichtet. Regierungen bilden und das Regieren selbst werden kompliziert und fordern viele Diskussionen. Gut für die Demokratie ist das
allemal.

Die alte »politische Hausordnung«, aufgeteilt in »Linke« und
»Rechte«, ist ohnehin längst aufgelöst. Die Hauptverantwortung dafür
trägt die politische Linke, die aus dem Kampf gegen den Rechtsextremismus die erbitterte Kampfansage an all diejenigen gemacht hat, die
nicht mindestens gemäßigt linke Positionen vertreten. Die Inflationie-
rung des Begriffs »rechts« hat gleichzeitig zu dessen Entdämonisierung
und Entwertung beigetragen.

Es geht vielen Menschen schlicht auf den Geist, wie linke Tugendwächter hinter jeder Mohren-Apotheke oder jedem Zigeunerschnitzel
die furchtbare Fratze eines neu erstarkten Nationalsozialismus entdecken. Würde mit gleicher Kraft und gleichen Ressourcen tatsächlich in

politische Bildung investiert, wie »Projekte gegen rechts« finanziert werden, würden viele Schülerinnen und Schüler in den Genuss echter politischer Bildung kommen, statt von »Antifa-Predigern« genervt zu werden.

Organisierte Verantwortungslosigkeit: Der Migrationspakt und seine Folgen

»Pacta sunt servanda« – Verträge müssen eingehalten werden, das wusste schon Franz Josef Strauß. Der Meister der Rhetorik aus dem Freistaat Bayern hat der Politik diese Formel der Anerkennung völkerrechtlich geschlossener Verträge schon vor Jahrzehnten ins Stammbuch geschrieben. Dies galt seinerzeit vor allem für die Verträge mit der Sowjetunion und anderen Mitgliedstaaten des Warschauer Pakts, ist aber heute noch uneingeschränkt gültig.

Und natürlich halten sich alle Mitgliedstaaten in Europa daran, wenn Verträge abgeschlossen wurden. Vor allem Deutschland. Manchmal auch nur Deutschland. Und wir halten uns nicht nur daran, wir sind sogar stets Klassenbeste. Während andere europäische Staaten höchstens achselzuckend zur Kenntnis nehmen, was die EU-Institutionen sich mal wieder ausgedacht haben, quält Deutschland seine Wechselschichtdienstleistenden damit, sämtliche Arbeitszeitpläne neu zu gestalten, um die EU-Arbeitszeitverordnung möglichst buchstabengetreu umzusetzen.

Vor allem die Polizeikräfte hatten darunter zu leiden, dass europäische Bürokraten keine Ahnung davon haben, wie Polizeiarbeit gestaltet ist und wie den Interessen ihrer Beschäftigten am ehesten Rechnung getragen werden kann. Im Ergebnis gelten Schichtpläne und Pausenregelungen, für die die Beschäftigten ihre Personalvertretungen davongejagt hätten, wären sie auf solche Ideen gekommen.

Deutschland ist halt immer Musterknabe, wenn es um europäische oder internationale Verträge geht.

Und nun ist er halt da, der UN-Migrationspakt, möchte man in dem bekannten Duktus unserer Bundeskanzlerin sagen. Der Widerstand war auch in den Reihen der CDU heftig, aber niemand, der den Berliner Politikbetrieb kennt, hatte einen Gedanken daran verschwendet, dass die Bundesregierung sich davon beeindruckt zeigen würde.

Immerhin hatte sie fleißig daran mitgearbeitet, wie das Auswärtige Amt in seinem 144-seitigen Bericht »Flucht und Migration« schreibt. Sie habe »substanziell die Arbeit der in diesem Bereich tätigen UN-Organisationen unterstützt«, darauf weist der Bericht sichtlich stolz hin und stellt klar, dass sowohl dieser Pakt als auch das nächste internationale Übereinkommen, der »Global Compact for Refugees« (GCR), also ein »Globaler Pakt für Flüchtlinge«, auf dem Weg seien und von ihr politisch, inhaltlich, personell und finanziell vorangetrieben werde. Dies unterstreiche die internationale Gestalterrolle der Bundesregierung.

Wenn man auf der internationalen Bühne mitspielen darf, dann freut man sich über den Grad der eigenen Wichtigkeit, das ist klar. Zu Hause wartet dieses dumme Volk und versteht wieder mal nichts von dem, was der Außenminister in der Welt für geniale Dinge leistet. Alles Nörgler, Dummköpfe, Rechtspopulisten und Verschwörungstheoretiker eben. Eigentlich schade, dass sie alle wählen dürfen und uns in unserer genialen Arbeit gelegentlich mit ihren Fragen, Sorgen und Zweifeln nerven.

Dabei, so unser Zentrum von globalem Weitblick und Weisheit, also das von führenden Sozialdemokraten verwaltete Auswärtige Amt, sind die beiden Pakte als »rechtlich nicht bindend, dafür aber als politisch verpflichtend konzipiert«. Das ist ein großartiges Beispiel politischer Beleidigung des gesunden Menschenverstands. Allen Ernstes will die Bundesregierung den Deutschen klarmachen, dass Deutschland eigentlich nur ganz wenig damit zu tun hat, eigentlich gar nichts verändern muss, aber nahezu alle anderen Staaten auf der

Welt sich an den Inhalt des Pakts gebunden fühlen und die Dinge in ihren Ländern verändern müssten.

Artikel 16a unseres Grundgesetzes benennt das Grundrecht auf Asyl (Absatz 1) und auch diejenigen, die sich eben gerade darauf nicht berufen können:»Auf Absatz 1 kann sich nicht berufen, wer aus einem Mitgliedstaat der Europäischen Gemeinschaften oder aus einem anderen Drittstaat einreist.« Eigentlich recht eindeutig formuliert. Ebenso die Dublin-Verordnung, die sehr klar regelt, dass diejenigen, die innerhalb der EU Asyl beantragen wollen, dies in dem Land tun müssen, über das sie in die EU eingereist sind.

»Nach der Theorie dürfte nie ein Migrant oder Flüchtling in Deutschland ankommen«, so die enttäuschte deutsche Bundeskanzlerin im August 2018. Genau so war das gewollt, hat aber nicht geklappt. Sie hatte zu diesem Zeitpunkt verstanden, dass das Dublin-System für Asylbewerber in Europa gescheitert war. Mit der Außerkraftsetzung des Art. 16a des Grundgesetzes war natürlich auch diese Regelung gekippt.

Der Direktor des Instituts für Völkerrecht und öffentliches Recht an der Universität Bonn, Professor Dr. Matthias Herdegen, CDU-Mitglied und scharfer Kritiker der Regierungspolitik, hat diesen Teil des Regierungshandelns und seine Folgen in der *Welt am Sonntag* vom 25. November 2018 wie folgt analysiert:»Nun haben wir eigentlich das Asylrecht in einem sehr komplizierten Verfahren so weit geändert, dass es hier zu wesentlichen Einschränkungen kommen kann. Vor allem der, dass Asylbewerber kein Recht auf Asyl haben, wenn sie aus einem sicheren Drittland kommen. Man hat aber diese Einschränkungen und auch die Sicherung des europäischen Asylsystems in Deutschland, gewissermaßen gegen die eigenen Interessen handelnd, zerstört.«

Vielleicht wird bald ein neues System eingeführt. Nach der Zerschlagung einer wichtigen Bestimmung der Verfassung und des europäischen Asylsystems wird jetzt international geregelt, was national bereits zu verheerenden Folgen für unsere Gesellschaft geführt und die Menschen in Deutschland und Europa tief gespalten und zunehmend in Panik versetzt hat.

Dazu muss man sich wenigstens in groben Zügen anschauen, was dort verabredet wurde. Schon der geniale Außenminister Sigmar Gabriel hatte seinerzeit davon gesprochen, dass man illegale Migration eindämmen kann, wenn man legale Einwanderungsmöglichkeiten schafft. Dazu müsse man natürlich in der Migrationspolitik radikal umdenken.

Das hat ja nun geklappt. Illegale Migration kann es nun eigentlich nicht mehr geben. Okay, nationales Recht spricht gelegentlich immer noch davon, aber was bedeutet schon nationales Recht, wenn unsere Verfassung in der jederzeitigen Verfügbarkeit der Regierung steht. Nicht was im Gesetz steht, ist relevant, sondern das, was unsere Regierung gerade will.

Eine Unterscheidung derjenigen, die um politisches Asyl bitten, vor Krieg und Gewalt fliehen oder einfach nur ein besseres Leben haben wollen, wird schwierig, zumal alle die gleichen Rechte haben sollen.

Dies ist in der Tat ein radikaler Politikwechsel. Keiner, den unsere Verfassung will, aber ein Politikwechsel ganz nach dem Geschmack von Grünen, Linken, einigen Sozialdemokraten und der Kanzlerin: »Der vorliegende globale Pakt bezieht sich auf Migranten und stellt einen Kooperationsrahmen zur Migration in allen ihren Dimensionen dar.«

Es stimmt schon, dass den Staaten in demselben Papier das Recht eingeräumt wird, ihre nationale Migrationspolitik eigenständig zu bestimmen. Vollkommen überflüssig, genauso wie das Recht, innerhalb des eigenen Hoheitsbereichs zwischen irregulärer und regulärer Migration zu unterscheiden. Natürlich dürfen wir in Deutschland das, dazu brauchen wir keinen internationalen Pakt, der das festschreibt, das steht in unserer Verfassung, aber was zählt sie schon?

Unser Problem ist ein ganz anderes, nämlich dass mit der Preisgabe eines wichtigen Teils unserer Staatlichkeit, also der Integrität unseres Grenzregimes, derartige Floskeln wirkungslos bleiben müssen. Wenn alle Menschen ungehindert einreisen können, können wir national regeln, was wir wollen, es interessiert eben niemanden mehr.

Wäre es anders, würde beispielsweise unsere Bundespolizei an den nationalen Grenzen Deutschlands diejenigen zurückweisen, ja sogar zurückweisen müssen, die nachweislich keinen Anspruch auf Einreise haben. Fehlanzeige, wen interessiert schon, was im Gesetz steht, wenn rot-grüne CDU-Politik etwas anderes will?

Im UN-Migrationspakt wird Migration als »Quelle von Wohlstand, Bereicherung und Innovation bezeichnet«. Das mögen diejenigen, die daran Geld verdienen, sicher so sehen. Bekanntlich sind das eine Menge Leute. Aber ist das die Mehrheitsmeinung der Europäer? Man darf Zweifel daran haben, dass diejenigen dies so sehen, die beispielsweise Opfer oder Angehörige der Opfer von Kriminalität oder Terror wurden, bei denen die Täter aus dem Migrantenumfeld stammen. Sie sind den Vereinten Nationen und ihren genialen Unterhändlern aus Deutschland, die wie die fleißigen Musterschüler mitgearbeitet und Vorlagen geliefert haben, keine Zeile wert.

Hauptargument der Bundesregierung für den Migrationspakt war im November 2018 vor allem die Behauptung, dass dieser Vertrag ohne rechtliche Bindung sei. Schon dies muss denjenigen seltsam vorgekommen sein, die sich nie damit beschäftigt hatten. Das Gute daran ist, dass es rechtlich nicht verbindlich ist? Kein Mensch würde auf dieser Grundlage auch nur einen Handyvertrag abschließen.

Und es stimmt ja auch nicht so ganz, denn »politisch verpflichtend« ist der Pakt schon. Man wird also die Uhr danach stellen können (und die heimlichen Mitglieder der Bundesregierung von Bündnis 90/Die Grünen haben dies ja auch bereits gefordert), dass nationale politische Initiativen zur Umsetzung des Papiers folgen werden.

Vor allem über die Themen Einwanderung und Abkehr vom Doppelpass – übrigens Beschlusslage der CDU – wollen vor allem einige CDU-Regierungschefs aus deutschen Bundesländern nicht mehr gerne sprechen. »Speziell von diesen beiden Themen glaube ich nicht, dass sie die entscheidenden Themen sind«, so Schleswig-Holsteins Ministerpräsident Daniel Günther mit den großen Sympathien für Grüne und Linke. Für ihn sind Fachkräftemangel, Digitalisierung, die Zukunft der sozialen Sicherungssysteme und eine vernünftige Versorgung in der Pflege wichtiger. Er hat nicht einmal unrecht damit, dass dies herausragende Themen sind. Nur den Zusammenhang hat er wohl nicht verstanden.

Beim Landesparteitag in Thüringen im vergangenen Jahr wurde Angela Merkel deutlich. Da verplempere man doch nur seine Zeit, wenn man permanent darüber nachdenke, was im Jahr 2015 und danach vielleicht falsch gelaufen sei oder welche Fehler gemacht wurden, jetzt müsse man nach vorne schauen.

Man achte auf die Formulierung »was vielleicht falsch gelaufen ist«, »welche Fehler gemacht wurden«. Nicht etwa »was ich falsch entschieden habe, was ich falsch gemacht habe«. Nach dem Motto: Es ist irgendwie passiert, aber ich habe nichts damit zu tun. Das Versagen wird sozialisiert, das eigene Verhalten glorifiziert.

Deutschland im Jahr 2019 und seine Politik. Das ist die organisierte Unverantwortlichkeit.

Und dann kommt dieser Pakt, den man in Wahrheit am liebsten von der Öffentlichkeit unbemerkt abgehakt hätte und der dann doch eine breite Diskussion in der Öffentlichkeit hervorrief. Ist ja alles halb so wild, wir haben alles im Griff, so die Botschaft der Kanzlerin. Und die Deutschen sollen das glauben und darauf vertrauen. Das ist etwas zu viel verlangt.

Nach jahrelangem Kontrollverlust, nach Jahren, in denen sich unser Land verändert hat und so viel an Freiheit verloren gegangen ist, in einer Situation, in der es nicht einmal mehr erwünscht ist, über eingepollerte Weihnachtsmärkte und schreckliche Verbrechen zu diskutieren, sagt uns die Regierung, dass die Menschen ihr gefälligst zu vertrauen haben? Ein starkes Stück Frechheit, was da im Herbst 2018 geboten wurde.

Demokratische Debattenkultur: Neuland in Deutschland

Und es wurde noch schlimmer: Wer als demokratisch gewählter Politiker auch nur leise Zweifel anmeldete, wer anmahnte, noch einmal darüber sprechen zu wollen, wer auch nur in Erwägung zog, die Entscheidung Deutschlands möglicherweise wenigstens etwas hinauszuschieben, um der Freiheit der Diskussion in unserem demokratischen Land Raum zu geben, wurde schon durch die Bundesjustizministerin abgebügelt.

Für Katarina Barley ist derjenige, der den Migrationspakt nicht verabschieden wollte, jemand, der die Nähe zu AfD, Trump, Orbán und Kurz suche. Das alles ist wohl gleichzusetzen mit Dämonen, Teufeln oder extremistischen Rechtsradikalen. Für die Hüterin unseres Rechtsstaates sind demokratisch gewählte Regierungschefs eben Schimpfworte.

Für die Demokratin Claudia Moll von der ehemaligen Volkspartei SPD war es ein Grund, sich zu schämen, dass die AfD eine Debatte über den UN-Migrationspakt erzwungen hatte: »Ich schäme mich so etwas von fremd, dass wir diesen Antrag in diesem Haus besprechen müssen«, befand sie, als gäbe es kein besseres Haus dafür als ebendieses demokratisch gewählte Parlament.

Das sind die Muster der Freiheit der Debattenkultur in Deutschland von heute: Wer nicht erkennbar links ist, wird ausgegrenzt, ins Abseits gestellt. Nicht einmal Fragen zu stellen ist erlaubt, wo Angela Merkel verhandelt hat. Ein Politikstil aus vordemokratischen Zeiten.

Jens Spahn und viele andere CDU-Politiker erklärten in dieser Phase der Diskussion vor der ohnehin beschlossenen Zustimmung Deutschlands zum UN-Migrationspakt, dass die Informationspolitik wohl nicht geglückt sei, dass es besserer Erklärungen und einer breiteren Diskussion bedürfe, bevor man zustimme. Dass im Ergebnis einer öffentlich geführten ausführlichen Debatte auch hätte herauskommen können, dass man nicht zustimmt, weil die Menschen diesen Pakt nicht wollen, darauf kommt in der deutschen Politik ohnehin niemand mehr.

Dieses Debattenmuster findet sich immer wieder dort, wo Bürgerinnen und Bürger direkt oder über Organisationen die Frage stellen, ob politische Entscheidungen nicht besser anders getroffen worden wären. »Wir müssen unsere Politik besser erklären ... wir müssen den Menschen begreifbar machen, warum das so gemacht werden muss.« Diese und andere Beiträge waren immer wieder zu hören, etwa zu jeglicher Kritik an der Flüchtlingskrise, bei dem entsetzten Aufschrei nach Terroranschlägen oder nach schrecklichen Gewaltverbrechen.

Um es in aller Deutlichkeit zu sagen: Die Wählerinnen und Wähler wollen nicht therapiert werden wie kleine Kinder, die nicht von ihren Ängsten lassen wollen, oder wie Menschen, die traumatische Erlebnisse nicht richtig verarbeitet haben. Sie verlangen Respekt dafür, dass sie eine andere Auffassung vertreten, und sie haben ein Recht darauf. Und zwar, dass über Fragen nicht hinweggelächelt wird, sondern dass sie beantwortet werden. Warum beispielsweise Migration in jedem Fall »die Quelle des Wohlstands, der Innovation und der nachhaltigen Entwicklung« sein soll.

Das sehen beispielsweise diejenigen völlig anders, die unter dem Kontrollverlust der Massenzuwanderung leiden, die Ängste haben, die aus dem öffentlichen Raum verdrängt oder gar Opfer von Gewaltverbrechen geworden sind, bei denen die Täter nun einmal zu denjenigen gehören, die angeblich ausschließlich Wohlstand, Innovation und nachhaltige Entwicklung bringen.

Darf der deutsche Staatsbürger erfragen, was ein »nicht diskriminierender Zugang« zu Gesundheitsstellen ist? Soll »nicht diskriminierend« eine Art Einbahnstraße für Migranten sein? Viele Menschen fühlen sich schon jetzt im eigenen Land diskriminiert, wenn in Arztpraxen und Krankenhäusern in allen möglichen Sprachen kommuniziert, aber kaum noch Deutsch gesprochen wird. Und was bedeutet es, dass Grenzbeamte in »kultureller Sensibilität« geschult werden müssen? Unsere Bundespolizei etwa? Die ist in der ganzen

Welt für ihre interkulturelle Kompetenz bekannt und hoch beliebt, da muss niemand geschult werden. Wer muss sich jetzt anstrengen bei der Integration? Diejenigen, die zu uns kommen, oder wir uns? Müssen wir uns anpassen an die Bedürfnisse und »kulturellen Besonderheiten« derjenigen, die zu uns kommen, oder haben wir noch die Möglichkeit, einfach so zu bleiben, wie wir sind?

Und was wird aus unserer Presse- und Meinungsfreiheit, wenn ein Diskurs gefördert werden soll, der zu einer realistischeren, humaneren und konstruktiveren Wahrnehmung von Migration und Migranten führt? Diese Frage ist besonders wichtig, weil sie einen Wesenskern unseres freiheitlichen Staates berührt.

So wird der Pakt selbstverständlich »unter Achtung der Medienfreiheit eine unabhängige, objektive und hochwertige Berichterstattung durch die Medien« über Migration fördern. Wie soll diese Aufgabenwahrnehmung durch staatliche Stellen erfolgen? Bislang oblag es unseren Medien, objektiv, unabhängig und hochwertig zu berichten. Jetzt übernehmen die Vereinten Nationen – oder doch nationale Einrichtungen – die Verantwortung dafür?

Interessant ist vor allem, dass viele deutsche Medien noch immer derart verzückt sind von der Migrationspolitik dieser Bundesregierung, dass auch dieser wichtige Aspekt in der Berichterstattung höchstens ein unmerkliches Augenzwinkern hervorgerufen hat. Daraus könnte später ein richtiges Ärgernis werden, wenn daraus, wie die AfD behauptet hat, die Einstellung der öffentlichen Finanzierung oder materiellen Unterstützung von Medien resultieren würde, die systematisch Intoleranz, Fremdenfeindlichkeit, Rassismus gegenüber Migranten fördern. Nun glauben vielleicht manche Medienvertreter, dass ihnen solche Strafen nicht drohen, und die meisten haben möglicherweise auch recht, denn solche Vorwürfe muss sich ohnehin nur ein kleiner Kreis rechtsradikaler Schreiberlinge machen lassen. Aber wer bestimmt denn darüber, was in welche

Kategorie gehört und bestraft werden muss? Wird diese politische Drecksarbeit künftig durch unkontrollierte private Kontrolleure erledigt werden?

Dann wäre auch der Satz »Eine Zensur findet nicht statt« gemäß Artikel 5 Absatz 1 des Grundgesetzes außer Kraft gesetzt. Macht ja nichts, unsere Verfassung scheint für manche politisch Verantwortliche ohnehin nur die Verbindlichkeit eines Empfehlungsschreibens zu haben.

Wenn ich zum Weihnachtsmarkt am Berliner Breitscheidplatz gehe, muss mir niemand einen Diskurs darüber aufschwatzen, welche Folgen die Aufgabe eines Grenzregimes für einen Staat hat, die Realität ist hart genug. Oder soll ich die Terrorabwehrsperren dort anders wahrnehmen als ein Eingeständnis fehlenden Schutzes unserer Grenzen?

Und über die sozialen Sicherungssysteme, über die manche politisch Verantwortliche lieber reden als über Migration, hat der Völkerrechtler Matthias Herdegen in dem bemerkenswerten Interview in der *Welt am Sonntag* in großer Offenheit eine Auffassung vertreten, der viele Menschen in Deutschland sicher zustimmen werden. Auf die Frage: »Wenn entsprechend dem Pakt Migranten, egal, ob sie legal oder illegal ins Land gekommen sind, unter dem gleichen Schirm des Sozialstaates stehen, dann bedeutet das doch geradezu eine Einwanderungsgarantie in den Sozialstaat. Und das wird den Sozialstaat zerstören?«, antwortete er schlicht und korrekt: »Ja.«

Und das ist auch nicht schwierig zu verstehen. Ohne Änderung der Politik werden Wohnungsmarkt, Krankenversicherung, Hartz IV oder Rente, die Pflege alter und schwacher Menschen, Arbeitslosenversicherung und alle anderen sozialen Systeme, die in Jahrzehnten aufgebaut wurden, abgehängt werden und scheitern.

Theoretisch kann das alles ja auch ganz anders werden, wenn diejenigen, die zu uns kommen, eine Arbeit aufnehmen und Steuern und Sozialabgaben zahlen. Das war schon die Theorie einer begnadeten Fachfrau von Bündnis 90/Die Grünen, die behauptete, dass schon in wenigen Jahren die Einzahlungen von Migranten in unsere sozialen Sicherungssysteme das entnommene Geld bei Weitem übersteigen würden. Man muss ihr diese Zukunftsberechnung verzeihen, denn vermutlich ist sie davon ausgegangen, dass die Arbeitsaufnahme in Deutschland in nahezu allen Berufen ohne jegliche Qualifikation erfolgen kann. Aus ihrer Sicht ist das sogar nachvollziehbar, denn immerhin kann man Staatsämter bekleiden, ohne eine spezielle Ausbildung genossen oder fachbezogen gearbeitet zu haben.

Auf dem freien Arbeitsmarkt ist das aber anders. Da braucht man Zeugnisse, Nachweise, Erlerntes, und auch die praktische Komponente einer Berufsausbildung kommt bekanntlich in unserem dualen System nicht zu kurz. Das könnte sich ändern, wenn Deutschland jetzt die »politische Verpflichtung« hat, dafür zu sorgen, dass die Anerkennung von Abschlüssen von Migranten erleichtert wird. Wir werden also künftige Migranten darüber informieren müssen, dass sie bei der Einreise nicht nur ihr Handy, sondern auch Berufsschulzeugnisse und Urkunden über bestandene Berufsabschlüsse retten müssen, wenn es schon mit ihren Pässen nicht geklappt hat.

Noch ist das Geld da, der Bundeshaushalt ist kerngesund, das sechste Jahr ohne neue Schulden, notfalls läuft der Soli noch etwas länger. Gewiss kann noch eine Weile alles bezahlt werden, und wenn es keine andere Möglichkeit gibt, werden mit Beitragserhöhungen und gleichzeitiger Verlängerung der Lebensarbeitszeit die Deutschen dazu gebracht werden, so lange zu arbeiten, bis sie tot umfallen.

Aber die ersten Warnzeichen am Horizont der Wirtschaft deuten sich schon an, die Zeiten von ewig sprudelnden Steuern und gleichzeitiger Enteignung der Sparer durch Nullzinspolitik neigen sich dem Ende zu. Dann wird es ungemütlich, wenn die knappen finanziellen Ressourcen mit denjenigen geteilt werden müssen, denen diese Politik den Zugang zu all diesen Systemen ermöglicht hat, ohne eine Leistung dafür einzufordern.

Demokratie ändert sich – und das ist gut so!

Mit der Veränderung unserer Parteienlandschaft wird sich auch unsere Demokratie verändern, und das ist auch nötig. Wer die Akzeptanz unserer Demokratie erhalten und verstärken will, muss sie volksnah, interessant und den Menschen zugewandt gestalten. Wichtig ist nicht, was in kleinen Zirkeln oder in Hinterzimmern zwischen einigen Funktionären verabredet wurde. Wer Demokratie erhalten und stärken will, muss den Willen derjenigen, die sie tragen, mehr als bisher berücksichtigen und auch umsetzen.

Dies gilt auch und gerade in der Asylpolitik in Deutschland. Im Vollbesitz selbst definierter moralischer Kompetenz wird der Wille weiter Teile der Bevölkerung seit Jahren ignoriert. Und mehr noch: Es werden Fakten geschaffen, die für viele nachfolgende Generationen unerfüllbare Anforderungen und völlig unkalkulierbare Risiken bedeuten.

Bundestagspräsident Wolfgang Schäuble, als Bundesinnenminister ein herausragendes kraftvolles, durchsetzungsstarkes Politikertalent, hat viele in seiner Partei und in der Bevölkerung gegen sich aufgebracht, als er in einem Interview mit der *Welt am Sonntag* sagte, man solle nicht allzu stark die Hoffnung schüren, dass die Großzahl der Menschen, die nicht in Deutschland bleiben dürften, zurückgeführt werden könne. Wieder einmal sollten vielmehr »wir« die Kraft aufbringen, sie in unsere Gesellschaft zu integrieren. Da hatte sich die »nationale Offensive« für mehr Abschiebungen, ausgerufen von der Kanzlerin, noch ganz anders angehört.

Natürlich, betont der kluge Baden-Württemberger, sei es eine wichtige Aufgabe, denjenigen das Handwerk zu legen, die als Schlepper andere Menschen missbrauchen und verführen. Wer diese Aufgabe erfüllen soll, sagt er freilich nicht. Und gleichzeitig hebt er eine andere Aufgabe hervor: »Eher sollten wir alle Kraft dafür aufbringen, sie in unsere Gesellschaft zu integrieren.«

Die Formulierung »Nun sind sie halt da« wird immer wieder der Kanzlerin zugeschrieben, die sie in einer Fraktionssitzung zum Thema Flüchtlinge verwendet haben soll. Sie hätte hinzufügen sollen: »Und es werden täglich mehr«, um die Realität bis heute treffend darzustellen. Nun aber stellt der Bundestagspräsident ziemlich eindeutig fest, dass es einerlei ist, ob deutsche Gerichte Recht gesprochen und die Ausreise von Menschen verfügt haben, die keinen Anspruch darauf haben, in unserem Land zu leben.

»Wenn öffentliche Stellen Urteile ignorieren, trägt es nicht dazu bei, das Vertrauen der Bürger in den Staat und seine Institutionen zu festigen«, hat Bundespräsident Frank-Walter Steinmeier anlässlich des Festakts zum hundertjährigen Bestehen des Bundesfinanzhofs in München am 1. Oktober 2018 festgestellt. Gemeint hat er allerdings den Umgang des Freistaats Bayern mit der gerichtlichen Forderung, Aktionspläne für Fahrverbote im Rahmen der »Dieselkrise« zu entwerfen.

Und auch Wolfgang Schäuble hat in seinem Interview betont: »Wenn wir Freiheit und Toleranz bewahren wollen, dann müssen wir die Voraussetzungen eines funktionierenden Rechtsstaates erhalten, der auch Recht durchsetzt und keine rechtsfreien Zonen duldet.«

Beide haben recht. Es gilt dann aber auch für andere Sachverhalte. Wenn das Asylrecht zur rechtsfreien Zone wird, in der es irrelevant ist, ob Behörden rechtmäßige Verwaltungsakte erlassen, deren Rechtmäßigkeit in jahrelangen Verfahren irgendwann endgültig festgestellt wird, verliert der Rechtsstaat an Ansehen, und das Vertrauen der Menschen in die staatlichen Institutionen schwindet weiter. Dann leidet eben auch die Demokratie, deren Erhalt uns allen wichtig sein muss – und von der niemand weiß, wie sie sich in Zeiten politischer Beliebigkeit entwickeln wird.

Ein isoliertes Land für unsere Nachkommen

Wir leben in einer liberalen Demokratie – so weit die Theorie und meistens zum Glück auch die Praxis. Die Staatsgewalt soll vom Volk ausgehen, der Staat seinerseits übt das Gewaltmonopol aus. Die Regierenden sind an Recht und Gesetz gebunden, unsere Freiheitsrechte werden bestmöglich geschützt.

»Demokratie ist entweder liberal, oder sie ist keine Demokratie!« Mit diesen harschen Worten kritisierte unser Staatsoberhaupt das Konzept der »illiberalen Demokratie«, das der ungarische Ministerpräsident Orbán in einer Rede während der Sommeruniversität in Rumänien propagiert hatte, als »Widerspruch in sich«. Steinmeiers Kritik bezog sich aber nicht nur auf Ungarn, sondern auch auf andere Länder der Europäischen Union wie Polen oder Rumänien, die die Unabhängigkeit ihrer Gerichte, Pressefreiheit und andere Grundrechte beschneiden würden. Er mahnte aber auch die heimischen Politiker und Behörden, sich nicht über Justiz und Rechtsprechung hinwegzusetzen – namentlich Bayern.

Dieser Vorgang ist spannend, zeichnet er doch genau den Konflikt, in dem sich unser Land mit vielen anderen europäischen Ländern und darüber hinaus befindet. In der Tat hatten deutsche Parlamente und Regierungen lange Zeit angenommen, das deutsche Modell von Demokratie und Rechtsstaat würde sich nun rasend schnell auf der ganzen Welt ausbreiten. Und wer nicht kopiert, wird abgestraft.

Es ist diese deutsche Haltung, die zur Isolation, ja zur Spaltung Europas und unserer Gesellschaft beiträgt. Natürlich wollen Menschen überall auf der Welt nicht nur besser und sicherer leben, sondern auch Freiheitsrechte genießen, wie wir sie kennen. Sie wünschen sich eine nicht korrupte staatliche Verwaltung, die überparteilich agiert und nur an Recht und Gesetz gebunden ist, eine unabhängige Gerichtsbarkeit, die ohne Ansehen der Person Recht spricht.

Rechtfertigt das, mit aller Gewalt und politisch größtmöglicher Arroganz auf all diejenigen herabzublicken, die sich die Zeit nehmen wollen, die Herausforderungen der Globalisierung und ihre Sicherheitsinteressen nicht aus dem Blick zu verlieren? Die Demokratie und Rechtsstaat mit Blick auf das, was die Menschen wollen und was nicht, gestalten?

Die deutsche Demokratie hat sich unter Laborbedingungen entwickeln können und dafür Jahrzehnte gebraucht. Jeder kleine Schritt bedurfte der Zustimmung der Siegermächte des Westens. Das wachsame Auge der Sieger des Zweiten Weltkriegs, die die Westbindung der Bundesrepublik vorantrieben und durch die Möglichkeiten des Wiederaufbaus und der Wohlstandsmehrung absicherten, war gleichzeitig ein Schutz vor übertriebenen Auswüchsen und Verirrungen.

Diese Bedingungen haben andere Länder nicht. Manche haben eben erst die harte Hand des Sozialismus sowjetischer Prägung abschütteln können, andere sind in Chaos, Bürgerkrieg und Auseinandersetzungen mit religiösen Eiferern verwickelt. Sie alle sind erst mit dem Aufbau eines Wohlstands beschäftigt, aus dem heraus sich die arrogante Gelassenheit mancher deutscher Oberlehrer erklären lässt.

Selbstverständlich ist es eine schöne Vorstellung, überall auf der Welt würden sich freundliche Menschen, die allesamt den humanen Prinzipien von Demokratie und Rechtsstaatlichkeit verpflichtet sind, in einem kultivierten politischen Diskurs auf den jeweils richtigen Weg verständigen und ihre Legitimation stets aus freien Wahlen schöpfen.

Aber die Welt ist nicht so, und es wird vermutlich noch lange dauern, bis sie so ist. Die Realität hat Francis Fukuyamas Behauptung widerlegt, die Demokratie hat nicht gesiegt. Und es gibt wenige Anzeichen dafür, dass unser politisches Establishment in der Lage ist, den Zerfall unserer liberalen Demokratie aufzuhalten.

Politische Mehrheiten wechseln nicht, Auswahl findet so gut wie nicht statt. Wir können entweder Sozialdemokratie wählen … oder

Sozialdemokratie. Das ist nicht gut für die Pflege von Demokratie, es stärkt radikale politische Ränder und nagt an der Akzeptanz bestehender politischer Verhältnisse.

Wer von uns will denn nicht das System der liberalen Demokratie, die Prinzipien von Freiheit, Menschenwürde und Humanität erhalten und sogar noch stärken? Ein System, das uns Wohlstand, Sicherheit und eine friedliche Gesellschaft beschert hat. Es ist unter allen Gesellschaftsformen die für uns attraktivste und erstrebenswerteste. Aber wer sie erhalten will, muss endlich aufbrechen und den Demagogen durch tatkräftiges Handeln Paroli bieten.

Fangen wir also an, entzerren wir die lähmenden Elemente unserer Strukturen, beerdigen wir politische Eitelkeiten und törichte Ideologien! Zeigen wir künftigen Generationen, dass wir in der Lage waren, eingefahrene Wege auch wieder zu verlassen und neue und erfolgreichere zu beschreiten! Holen wir uns wieder mehr Demokratie und weniger Bürokratie ins Haus!

Unsere rechtsstaatliche Ordnung ist es wert, dass man um sie kämpft. Und dazu zählt eben nicht nur, wirtschaftlich weiterhin erfolgreich zu sein. Das ist notwendig, um Wohlstand und soziale Sicherheit auch künftig sicherzustellen. Aber es müssen auch die Feinde unserer Demokratie wirksam bekämpft werden, und zwar nicht mit Geschichten aus der Abteilung Demokratieromantik, sondern mit konsequenter Durchsetzung dessen, was wir uns als Gesetze gegeben haben.

Im Herbst 2018 zeigte die Demokratie im Deutschen Bundestag dann doch noch ein Zeichen ihrer Lebendigkeit. Mit der Wahl eines neuen Fraktionsvorsitzenden – Ralph Brinkmann löste im September 2018 den seit 2009 amtierenden Volker Kauder ab – zeigte die Unionsfraktionsgemeinschaft, dass sie nicht nur ein Kanzlerinnenwahlverein, sondern ein selbstbewusstes Gremium ist, das durchaus auch Zähne zeigen kann.

Jetzt wird es darauf ankommen, dieses Votum zum Anlass zu nehmen, mehr Mut zu entwickeln. Es geht nicht darum, Menschen aus

Ämtern zu drängen oder »Königsmord« zu begehen. Wichtig ist, an entscheidenden Stellen auch einmal Nein zu sagen, wenn die Regierung auf dem falschen Weg ist. Das hätte schon viel früher der Fall sein müssen, aber zurückzublicken, bringt nicht viel. »Wer das Perfekte anstrebt, endet in der Diktatur«, hat Wolfgang Schäuble in seiner Festansprache zum 28. Jahrestag der Deutschen Einheit am 3. Oktober 2018 gesagt. So gesehen müssten wir uns eigentlich wenig Sorgen machen. Aber die Demokratie zu stärken und auch zukunftsfest zu machen, bleibt eine Daueraufgabe.

Es wird Jahrzehnte dauern, die Versäumnisse der Vergangenheit, die Trägheit und Beliebigkeit politischer Entscheidungen wieder aufzuholen. Das ist nicht alternativlos, es gibt keine Alternativlosigkeit in der Politik, sie würde das Ende von Politik bedeuten. Aber die Alternative ist eben für unsere Nachfahren schlimm, sie bedeutet Perspektivlosigkeit, Wohlstands-, Freiheits- und Sicherheitsverlust.

Deutschland sollte seine derzeit noch wirtschaftlich stabile Stellung und sein Ansehen in der Welt dazu nutzen, sich Freunde und Verbündete zu sichern und Freundschaften zu pflegen. Sonst werden wir unseren Nachkommen ein isoliertes Deutschland überlassen, das in seinem Wahn, das eigene System der ganzen Welt in kürzester Zeit überzustülpen, gescheitert ist. Und letztlich der eigenen Demokratie mehr geschadet als genutzt hat.

KAPITEL 3

MEINUNGSFREIHEIT, WOHLSTAND, BILDUNG: SO GEHT DIE ZUKUNFT DEN BACH RUNTER

Die in Artikel 5 Absatz 1 des deutschen Grundgesetzes verbürgte Meinungsäußerungsfreiheit gewährt jedem Menschen das Recht, seine Meinung in Wort, Schrift und Bild frei zu äußern und zu verbreiten. Sie ist eines der wichtigsten Menschen- und Bürgerrechte und zugleich Wesensbestandteil der freiheitlich-demokratischen Staatsordnung, da erst sie die freie Auseinandersetzung zwischen den unterschiedlichen Ansichten, die Entstehung einer öffentlichen Meinung und die politische Willensbildung ermöglicht. So weit das Gesetz. Doch das reicht nicht. Es ist Aufgabe der Gesellschaft, diese Freiheit auch im Alltag zu verteidigen. Dort, wo Menschen aus Angst, ausgegrenzt und stigmatisiert zu werden, ihre Meinung nicht mehr frei zu äußern wagen.

Ausgerechnet eine Waldorfschule in Berlin lieferte im vergangenen Jahr ein Beispiel von gezielter Diskriminierung: Nach einer kontroversen Diskussion auf einer Elternversammlung hat sie die Aufnahme eines Kindes abgelehnt, weil der Vater AfD-Abgeordneter ist. Sogar AfD-Gegner hielten die Entscheidung für falsch, und die Schule erntete heftige Kritik. Es begann eine heftige Debatte über Toleranz, Kindeswohl und Diskriminierung. Sippenhaft der Gegenwart – haften Kinder für ihre Eltern? Das ist ein absolutes No-Go, wie auch AfD-kritische Politiker geäußert haben.

Aus »Ich respektiere, was du sagst, aber ich teile deine Meinung nicht« wird schnell das aggressive »Du bist ja voll im AfD-Sprech, das ist Populismus, du bist Nazi!« Und schon ist jede zivilisierte Diskussion zu Ende.

Lassen wir nicht zu, dass dies noch schlimmer wird. Die Meinungsfreiheit darf nicht weiter abgehängt werden. Sie muss verteidigt und in unser Leben zurückgeholt werden – jeden Tag aufs Neue.

Das wird man doch wohl sagen dürfen – oder?

Ist das nicht großartig, in einem Land zu leben, in dem es Meinungsfreiheit, Informationsfreiheit und Pressefreiheit gibt? Das war nicht immer so. Umso wichtiger ist es, diese Errungenschaft unserer Zeit immer wieder hervorzuheben. Denn man muss gar nicht weit reisen, um das Gegenteil zu erleben. Wir können uns versammeln, protestieren, organisieren, uns frei informieren und austauschen, und vermutlich glauben die meisten von uns, das alles sei normal und selbstverständlich. Ist es leider nicht.

Heutzutage muss niemand befürchten, von einer Geheimpolizei abgeholt und verhaftet zu werden, weil er öffentlich seine Meinung kundgetan hat. Klar, das Strafgesetzbuch setzt Grenzen, aber auch das ist gut so. Denn die Freiheit der Meinung endet stets da, wo die Persönlichkeitsrechte der Mitmenschen verletzt werden. Und es ist auch richtig, dass das Internet da keine Unterschiede macht. Da gibt es sogar Juristen, die allen Ernstes glauben, sich in der scheinbaren Anonymität des Internets mit üblen persönlichen Beleidigungen austoben zu können. Zum Glück gibt es eben auch Staatsanwaltschaften, die dem einen Riegel vorschieben.

Allerdings dürfte die Zahl angezeigter Straftaten, die wir »Kriminalitätsentwicklung« nennen, sprunghaft steigen, wenn wirklich all diejenigen Anzeige erstatten würden, die im Netz bedroht, beleidigt, sexuell belästigt oder gestalkt werden.

Eine Antwort darauf haben wir noch nicht gefunden. Das »Netzwerkdurchsetzungsgesetz« ist jedenfalls keine. Da haben sich der Deutsche Bundestag und unsere Regierung wieder mal etwas ausgedacht: Was nicht passt in sozialen Netzwerken, wird passend gemacht – ohne sich selbst die Finger schmutzig zu machen. Hunderte Beschäftigte der Betreiber von sozialen Netzwerken übernehmen die Aufgabe,»offensichtlich strafbare Inhalte« zu löschen und diejenigen, die sie verbreitet haben, gegebenenfalls eine Zeit lang zu sperren. Früher haben Staatsanwaltschaften und Gerichte die Rechtswidrigkeit von verbreiteten Inhalten festgestellt und die notwendigen Rechtsfolgen eingeleitet. Das nannte man Rechtsstaat, aber auch den hat unsere Politik schon dem Markt überantwortet.

Zu Recht haben der Deutsche Journalistenverband, der Verband Deutscher Zeitschriftenverleger und etliche andere Kommentatoren und Experten das»Netzwerkdurchsetzungsgesetz« scharf kritisiert, interessiert hat das im Parlament niemanden. Es ist im Grunde nichts anderes als eine gesetzlich legitimierte Strafvereitelung, was da durch die Mitarbeiter von Facebook und Co. mit Billigung des Staates passiert.

Solche Gesetze kommen zustande, wenn eine selbst ernannte Politikelite im Raumschiff von der Erde abgehoben hat und in ihre Parallelwelt entschwebt ist. Wenn der Gesetzgeber die Identifizierung von »strafbaren Inhalten« nicht mehr unabhängigen Gerichten, sondern einem weitgehend unkontrollierten Unternehmen überlässt. Dass die Nutzer sozialer Netzwerke und viele Medienvertretungen enttäuscht und empört reagieren, ist verständlich.

Für Meinungsfreiheit gibt es keinen An-Aus-Knopf, sie wird nicht einfach ausgeschaltet, sie verschwindet langsam. Und noch länger dauert es, sie wieder zurückzuerobern. Deshalb muss man bei diesem Gesetzeswerk auch protestieren, es ist ein Affront gegen die Freunde der Meinungsfreiheit, ein Stück Staatswillkür, eines Rechtsstaats unwürdig.

Darf man eine schreckliche Straftat politisch instrumentalisieren? Natürlich nicht! Jedenfalls wird dies stets lautstark angemahnt, wenn wieder einmal Opfer von Gewalttaten zu beklagen sind. Und wenn die Täter die falschen Täter sind.

Im nordrhein-westfälischen Altena wurde im vergangenen Jahr der Bürgermeister Opfer eines angetrunkenen Bürgers, der ihn in einer Dönerbude attackierte. Das Motiv war offensichtlich der Ärger des Mannes über die Flüchtlingspolitik der Stadt und sein aus den Fugen geratenes Leben, für das er jenen Bürgermeister verantwortlich machte. Eine scheußliche Tat und nicht die erste dieser Art. Immer wieder werden kommunale oder ehrenamtlich tätige Verantwortungsträger Opfer von Gewaltattacken. Sie leben mitten unter uns und haben in der Regel keinen Bodyguard, der sie persönlich beschützt.

Das Bundeskriminalamt hat allein für das Jahr 2016 mehr als 800 Übergriffe auf Amts- und Mandatsträger registriert, darunter 18 direkte körperliche Angriffe. Das ist beschämend für ein Land, das ehrenamtlich tätige Frauen und Männer dringend braucht, die vor Ort die Probleme der Menschen angehen und sich um das Lebensumfeld ihrer Mitbürgerinnen und Mitbürger kümmern. Auch und gerade im Zusammenhang mit der Flüchtlingskrise wäre es ohne sie in Deutschland drunter und drüber gegangen und vieles aus dem Ruder gelaufen.

Im Anschluss an die Messerattacke auf den Bürgermeister von Altena gab es für die deutsche Öffentlichkeit das volle Programm. Breite Medienoffensive zur besten Zeit, Schweigemarsch, Kanzlerin, Ministerpräsident, Bundespräsident – die Botschaft überall ähnlich: Die Flüchtlingspolitik der Stadt Altena ist vorbildlich, Weltoffenheit, Toleranz, Geduld. So weit, so verständlich.

Wenn eine strafbare Handlung dazu genutzt wird, eine politische Botschaft zu transportieren, spricht man von politischer Instrumentalisierung des Geschehens. Genau das ist hier passiert, und dagegen ist auch nichts einzuwenden. Wenn eine solche Situation genutzt wird, um die Öffentlichkeit darauf hinzuweisen, dass die unterschiedlichen politischen Auffassungen nicht Anlass zu Hass oder gar Gewalt sein dürfen, hat man politisch instrumentalisiert, aber aus gutem Grund.

Zum Jahresende dann das schreckliche Verbrechen im rheinlandpfälzischen Kandel. Seit April 2016 war der »unbegleitete minderjährige Flüchtling aus Afghanistan« in Deutschland. Zeit genug, um eine Freundschaft mit einer Minderjährigen zu schließen, die aber auseinanderbrach.

Die Folge ist bekannt; Abdul D. akzeptierte die Trennung nicht und brachte die 15-jährige Mia mit mehreren Messerstichen um. Im vergangenen Jahr wurde er zu achteinhalb Jahren Freiheitsstrafe verurteilt. Die Stadt ist noch immer nicht zur Ruhe gekommen; immer wieder kommt es zu Demonstrationen.

Im Anschluss an die Tat wurden auch öffentlich Fragen gestellt. Wie alt war der »Jugendliche« wirklich? Überprüfen wir das überhaupt? Wo kam er her? Ist das nicht ein grundsätzliches Problem mit diesen »unbegleiteten Minderjährigen«, von denen wir nicht wissen, wer von ihnen in Wahrheit nicht längst erwachsen ist? Warum überprüfen wir das eigentlich nicht wie andere europäische Länder auch? Wie ist es eigentlich zu der »Freundschaft« zwischen dem Teenager und dem Flüchtling gekommen? Konnte man nicht wissen, dass das Beenden einer »Freundschaft« durch die Partnerin in manchen Kulturen das Todesurteil für die Frau bedeutet? Und viele andere Fragen mehr.

Halt! Nicht politisch instrumentalisieren! Die sofortige Ansage des örtlichen Bürgermeisters ließ an Deutlichkeit nichts zu wünschen übrig. Damit folgte er dem rhetorischen Sprechmuster der Vergangenheit, das immer wieder einschlägig ist. Denn das Prinzip war bei beiden Taten identisch, eine Anlasstat wird zum Transport einer politischen Botschaft genutzt, instrumentalisiert. Korrekt ist das in Deutschland aber nur dann, wenn der Täter stimmt.

Gelernt ist gelernt: Klappe halten

Der Taxifahrer in einer sächsischen Kleinstadt brauchte nicht lange, um in Fahrt zu kommen. Ein kleines Kompliment über die schönen Häuser meinerseits, und er legte gleich los, nachdem er mich erkannt hatte:»Aber glauben Sie mir, die Stimmung hier ist absolut mies, ich fühle mich wie vor der Wende, und viele Leute denken ganz genauso. Man darf ja nichts mehr sagen, genau wie früher. Dabei haben wir früher noch wenigstens Witze gemacht, darf man ja auch nicht mehr. Als ob wir was gegen Ausländer hätten, so ein Quatsch. Trotzdem ist man gleich Rassist, Blödsinn! Wir waren immer gegen Faschismus, jetzt müssen wir uns von Rotzlöffeln beschimpfen lassen. Jetzt dürfen wir noch nicht mal was sagen, wenn diese sogenannten Flüchtlinge sich hier aufführen, als ob ihnen das alles gehört? Das war früher eindeutig besser. Da kam die Polizei, und dann war Ruhe. Und ich bin früher auch schon Taxi gefahren, in der DDR, da hat's das alles nicht gegeben. Schöne Demokratie ist das!«

Der Mann hat es nicht leicht. Und er hat recht. Rassist zu werden, ist in Deutschland nicht schwer. Für die »Rassismusexperten« von der Antifa ist fast jeder ein Rassist. Die Antifa ist kein eingetragener Verein, deshalb weiß niemand, wer dazugehört, wenngleich manche Aktivisten natürlich dem Verfassungs- bzw. Staatsschutz bekannt sind. Mit Antifa werden linksradikale und autonome Gruppen und Organisationen bezeichnet, die Faschismus, völkischen Nationalismus, Antisemitismus, Rassismus und rechtgerichteten Geschichtsrevisionismus bekämpfen. Gegen Rassismus sind sie scheinbar alle, das ist klar, obwohl sie mit ihrer Art der Argumentation in Wahrheit Rassisten in Reinkultur sind.

Für die selbst ernannten »Rassismusexperten« der Antifa sind Angehörige der Polizei »Schweine«. So bezeichnen sie die Einsatzkräfte regelmäßig auf ihren Internetseiten, etwa wenn sie ihre Antirassismus-Aktionen begründen. Manchmal klingt es etwas verworren, deshalb muss man das übersetzen: Wenn man Steine auf Einsatzkräfte der Polizei wirft, Häuser besetzt, Glasscheiben einwirft oder Autos anzündet, dann ist das gegen Rassismus. Klingt einfach, ist es aber nicht – denn wenn der Rest der Bevölkerung das nicht macht, sind das dann alles Rassisten?

In den Augen der Antifa gilt heute schon als Nazi, wer Fachwerkhäuser mag. Und die gehören nun mal zu einer Kleinstadtidylle. Hätte der Taxifahrer aus Sachsen das gewusst, wäre er vermutlich noch lauter geworden. Oder er hätte Schwierigkeiten damit gehabt, zu verstehen, was daran rassistisch oder rechtsradikal sein soll. Worte wie »Rekonstruktionsarchitektur« könnte man vielleicht noch erklären, aber warum ein simples Fachwerkhaus »Schlüsselmedium der autoritären, völkischen, geschichtsrevisionistischen Rechten« ist und sich dahinter »Machenschaften von Rechtsradikalen« verbergen, hätte er vermutlich nicht geglaubt.

Sprechverbote an deutschen Universitäten?

Ausgerechnet Thilo Sarrazin. Und dazu noch Marc Jongen, AfD-Politiker aus Baden-Württemberg und Mitglied des Deutschen Bundestags. Gleich beide wollte der Philosophieprofessor Dieter Schönecker nach Siegen einladen, um sie in einer öffentlichen Vortragsreihe zum Thema »Denken und Denken lassen. Zur Philosophie und Praxis der Meinungsfreiheit« sprechen zu lassen. Nicht über den Islam, nicht über Migration oder Zuwanderer. »Ich stehe in der Tradition der Rechtsphilosophie Kants, meine Sache ist die Freiheit«, so der engagierte Wissenschaftler in einem Beitrag in der *Frankfurter Allgemeinen Zeitung* vom 7. November 2018. Aber nicht in Deutschland. Da streicht die Universitätsleitung erst einmal die Mittel dafür, wenn diese Redner auftreten sollen. Eingeladene Gäste sagen reihenweise ab, vermutlich aus Angst, Dinge zu hören, denen sie möglicherweise zustimmen könnten.

Meinungsfreiheit, so Schönecker, ist mehr als die »Abwesenheit von Zensur«. Sie kann auch beschränkt werden durch Sanktionen, die das physische, psychische oder sozialökonomische Wohlergehen derjenigen beschädigen, die eigentlich ihre Meinung kundtun wollen und dann zur Selbstzensur greifen. Er zeigt in seiner Argumentation sehr deutlich auf, worum es geht, wenn auf mehr oder weniger subtile Weise alles unterdrückt werden soll, was den linken Mainstream der Universität auch nur durch Nachdenken beeinträchtigen könnte.

Anderes Beispiel: Oktober 2017 – gerne wäre ich der Einladung des Forschungszentrums Globaler Islam der Universität Frankfurt am Main gefolgt, einen Vortrag über »Polizeialltag in der Einwanderungsgesellschaft« zu halten und darüber zu diskutieren. Stattfinden konnte er nicht, erst der Protest, dann die »Ausladung aus Sicherheitsgründen«, wie die Universität mitteilte. Einige Wissenschaftler hatten in einem Schreiben protestiert, außerdem befürchtete man eskalierende Aktionen linksalternativer Gruppierungen.

Das Schreiben der Wissenschaftler hatte es in sich: Gespickt mit falschen Behauptungen und faustdicken Lügen, verfehlte es seine Wirkung nicht. Andererseits zeigte es eindrucksvoll, in welch einfachen Denkstrukturen Wissenschaftler verharren, die sich eigentlich nur gegenseitig intellektuell befruchten und jeglichen Blick in die Realitäten meiden. Sie hätten eine Menge dazulernen können, aber das hatten sie wohl nicht vor. Natürlich ist es immer störend, wenn die von linken Argumentationsmustern geleitete Wissenschaftswelt durch Erkenntnisse aus der Lebenswirklichkeit gestört wird. Wenn Willkommenskultur den Kopf vernebelt, kann die Kehrseite der Einwanderungsmedaille, die Realität des polizeilichen Alltags, nur störend wirken.

Was folgte, war der skurrile Versuch, sich dem Vorgang in einem wissenschaftlichen Diskurs zu nähern. In einer Stellungnahme der bunten Ansammlung von Soziologen, Philosophen und anderen Disziplinen hieß es: »Durch die Absage eines Vortrags vonseiten der Veranstalter/innen ist das Recht auf freie Meinungsäußerung nicht tangiert ... Von einem Angriff auf die Meinungsfreiheit und von ›Denkverboten‹ zu sprechen, ist gefährlich, denn es legt nahe, dass rechte Positionen im öffentlichen Diskurs unterrepräsentiert oder benachteiligt seien.«

Das muss man auf sich wirken lassen. Unter dem Druck des massiven Protestes und der teilweise unverhohlenen Drohung von »Aktionen linksautonomer Gruppen« muss eine Veranstaltung abgesagt werden, und gleichzeitig wird schon die Diskussion über diesen skandalösen Vorgang als »gefährlich« bezeichnet.

Dem Ganzen setzte dann eine Diskussionsrunde der Universität Frankfurt noch die Krone auf. Die unter öffentlichen Druck geratenen Wissenschaftler mühten sich redlich ab, mit einem letzten Rest von Intellektualität zu argumentieren; einzig die Ethnologin Susanne Schröter verteidigte das Recht der freien Meinungsäußerung, das aber mit dem »Leitbild der Universität Frankfurt am Main« nicht zu vereinbaren sei.

Einen Monat später Krawall an der Universität Köln. An der juristischen Fakultät sollte es eine Diskussion zur Arbeit der Polizei und der Lage der Inneren Sicherheit geben. Und obwohl die meisten der etwa 400 Anwesenden gerne dem Austausch gefolgt wären, hatten sie gegen die aufmarschierten Chaoten, die mit Geschrei und Pfiffen störten, keine Chance. Nach zwei Stunden war Schluss.

Zwei Universitäten der Gegenwart in Deutschland. Wer darf hier etwas sagen? Wer nicht links ist, wird niedergebrüllt, verbale Gewalt und offene Bedrohung, der verstärkte Ordnungsdienst war dringend notwendig. Einzig und allein der linke und linksextreme Diskurs findet statt.

Die meisten Zuhörerinnen und Zuhörer, die an diesem Abend erschienen waren, waren anders. Sie wollten kritische Auseinandersetzung und auch selbst diskutieren und Fragen stellen. Unter der Leitung der tapferen Juraprofessorin Elisa Hoven gingen auch ihre Worte im Geschrei unter, ein Trauerspiel. Eigentlich muss man auch umstrittene Referenten ohne Angst einladen können. Kann man aber nicht mehr überall. Das ist die Lage.

Die Linken stärken die Rechten

Die Amadeu Antonio Stiftung in Heidelberg, ins Leben gerufen als Reaktion auf neue Herausforderungen im Umgang mit Abwertungen, Rechtspopulismus und Rechtsextremismus, ermutigt Initiativen, sich für demokratische Kultur starkzumachen. In der Tat kommt ihre

Handreichung für Kita-Betreuung »Ene, mene, muh – und raus bist du! Ungleichwertigkeit und frühkindliche Erziehung« zunächst recht harmlos daher.

Das Geleitwort der Familienministerin Franziska Giffey (SPD) klingt in weiten Passagen wie die üblichen Grußworte: »Die Bedürfnisse der Kinder sollten Ausgangspunkt des pädagogischen Handelns sein; von dort aus geht es in Richtung demokratischer Werte, in Richtung eines selbstbewussten Lebens in einer vielfältigen Welt.«

Aber schon der Einstieg lässt aufhorchen: »Liebe Leserinnen, liebe Leser, unsere Gesellschaft hat sich in den letzten Jahren zusehends polarisiert. Wir haben viel Unterstützung für geflüchtete Menschen erlebt. Wir erleben aber auch ein neues Ausmaß an menschenverachtendem Verhalten und einen deutlichen Anstieg rechtspopulistischer Bewegungen. Diese Entwicklung macht auch vor den Kindertagesstätten nicht halt. Kinder schnappen rassistische Bemerkungen oder antisemitische Einstellungen auf und geben sie weiter.«

Damit war die Marschrichtung dessen, was folgt, vorgegeben. Nicht etwa antisemitische Einstellungen und Äußerungen durch radikale Muslime, wie wir sie vor allem in der riesigen salafistischen Szene kennen, nicht etwa auch linksextremistische Einstellungen stehen im Handlungskatalog für Erzieherinnen und Erzieher, einzig und allein »rechtspopulistische Bewegungen« sind das Thema.

Und wie man die erkennt, wissen die Beiträger selbstverständlich ganz genau, beispielsweise Fall I.3: »Kinder aus völkischen Elternhäusern«: »In einer Kita fallen zwei Geschwister auf, die besonders zurückhaltend sind und wenig von zu Hause, z.B. vom Wochenende, erzählen. So verhalten sie sich im Morgenkreis zum Wochenbeginn schweigsam und passiv. Gleichzeitig gibt es keine sogenannten Disziplinprobleme, diese Kinder scheinen besonders ›gut zu spuren‹. Außerdem sind traditionelle Geschlechterrollen in den Erziehungsstilen erkennbar: Das Mädchen trägt Kleider und Zöpfe, es wird zu Hause zu Haus- und Handarbeiten angeleitet, der Junge wird stark körperlich gefordert und gedrillt. Beide kommen häufig am Morgen in die Einrichtung, nachdem sie bereits einen 1,5-km-Lauf absolviert haben.«

Diese einseitige Verengung auf ein einziges Feld des Extremismus hat zwar Methode, macht es aber nicht besser. Entsprechend fiel der Protest gegen diese 60-seitige Broschüre aus. Christoph Bernstiel, CDU-Innenpolitiker aus Halle, äußerte gegenüber der *Bild*-Zeitung am 29. November 2018 sein Entsetzen:»Ich finde es unfassbar, dass eine mit Steuergeld finanzierte Broschüre junge Mädchen, die Zöpfe und Kleider tragen, als potenziell ›völkisch‹ bezeichnet. Auf den 60 Seiten finden sich noch weitere haarsträubende Behauptungen und Handlungsempfehlungen. Frau Giffey sollte diese Broschüre schnellstmöglich zurückrufen und überarbeiten lassen!«

Der stellvertretende Bezirksbürgermeister und Jugendstadtrat von Berlin-Neukölln, Falko Liecke (CDU), lehnte es ab, sie in seinem Bezirk verteilen zu lassen, und stellte klar:»Die Broschüre will Vorurteile bekämpfen, vermittelt sie aber selbst.« Es sei nicht Aufgabe von Erziehern, die politische Gesinnung der Eltern zu überprüfen.

Der Präsident des Deutschen Lehrerverbands, Heinz-Peter Meidinger, sagte der *Neuen Osnabrücker Zeitung* am 30. November 2018: »Hier wird zu einer Gesinnungsschnüffelei aufgerufen, wie sie zuvor der AfD wegen ihres ›Lehrer-Prangers‹ vorgeworfen worden war.« Mit fragwürdigen Kategorien werde ein»völkischer Typus« kreiert, »das ist abstoßend, kontraproduktiv und entbehrt jeder wissenschaftlichen Grundlage«.

Und die streitbare CDU-Bundestagsabgeordnete Sylvia Pantel aus Düsseldorf zog die für viele Menschen in Deutschland offensichtliche Parallele:»Hier werden Kinder stigmatisiert und den Eltern ein Erziehungsstil und Auffassung versucht anzuerziehen. Das sind Methoden, die den Erziehungsauftrag der Eltern und ihre Sorgepflicht glauben bewerten oder einschränken zu können. Das ist eine Gesinnungsschnüffelei, die wir in der Vergangenheit hatten, zu DDR-Zeiten.«

Der Fall II.3: »Besorgte Mutter und Vielfaltserziehung« ist auch ein Beispiel für überdrehte und ideologisch motivierte Gruselpädagogik: »In ihrer Kita gibt es eine Verkleidungsecke mit Kostüm- und Schminksachen, welche die Kinder rege nutzen. Ein Junge lässt sich von ihnen die Fingernägel lackieren. Am nächsten Tag sucht dessen Mutter vehement ein Gespräch mit ihnen. Sie fragt, was das solle, und erklärt, das habe einen schlechten Einfluss auf ihr Kind, Kinder sollten heutzutage nicht noch zusätzlich verunsichert werden; Jungen seien Jungen, Mädchen seien Mädchen, und sie möchte, dass ihr Junge »später mal ein richtiger Mann wird«.

Selbst wenn nach Ansicht der Erzieher/innen in der Kita geschlechtliche Toleranz und Vielfalt begrüßt werden und Kinder sich ausprobieren können und die Mutter auf die Lackierung der Fingernägel ihres Sohnes überreagiert hat, ist es ihr gutes Recht und ihre freie Entscheidung, ihren Sohn ohne »Gender-Gequatsche« erziehen zu wollen.

Staatliche Beschäftigte haben ihr da nicht hineinzureden – vor allem, wenn sie mit einer verquasten Theorie unterwegs sind: »So finden sich beispielsweise sexistische Aussagen, stereotype Geschlechtervorstellungen (binäre und traditionelle Vorstellungen vom Junge- und Mädchen-Sein, Männlichkeit und Weiblichkeit) in vielen Milieus. Sie sind insofern anschlussfähig bzw. haben sie eine Brückenfunktion an rechtsextreme Ideologie.«

Es ist doch klar, dass Eltern empört reagieren, wenn sie damit rechnen müssen, dass eine solche »Handlungsempfehlung« in den Kitas verteilt und aufgrund der Förderung durch das Familienministerium quasi zur amtlichen Schrift erhoben wird.

Warum ist eigentlich keiner der Berater der Bundesfamilienministerin auf die Idee gekommen, dass ein solches Machwerk eine fatale Wirkung erzielen könnte? Es wäre deren Aufgabe gewesen, die Ministerin auf die gefährlichen Wirkungen hinzuweisen, die eine solche Broschüre erzeugen kann. Tatsache ist, dass die vielen Proteste in den sozialen Netzwerken millionenfach verbreitet wurden. Angefacht selbstverständlich auch durch rechtspopulistische und rechtsextreme Beiträge, die besonders schrill und aggressiv daherkamen.

Ist es Aufgabe ausgerechnet der Bundesfamilienministerin, auch noch diejenigen Väter und Mütter, die nichts mit der Gesinnung von AfD oder anderen rechten oder rechtsextremen Gruppierungen oder Parteien im Sinn haben, in deren Arme zu treiben? Ist im Bundesfamilienministerium wirklich niemand in der Lage, eine solche Folge zu bedenken und entsprechend zu agieren?

Man mag es nicht glauben. Deshalb kann man nur zwei Möglichkeiten in Erwägung ziehen: Man hat es entweder übersehen bzw. billigend in Kauf genommen oder man wollte genau diese Wirkung erzielen. Beides ist schlimm und gefährlich.

Und die Ministerin? Nimmt den Rat ihres CDU-Kollegen Bernstiel aus dem Parlament an und lässt das Machwerk an den kritischen Stellen überarbeiten? Nicht im Geringsten. Ohne auch nur eine Spur von Nachdenklichkeit wies sie darauf hin, dass die Broschüre von anerkannten Wissenschaftlerinnen und Wissenschaftlern begleitet worden war.

Die Beteiligung von Wissenschaft von vornherein als unumstößlichen Beleg für die Qualität eines Produkts heranzuziehen, ist gewagt. Immerhin ist im Namen von Wissenschaft schon viel Unheil angerichtet worden. Ohne ein Mindestmaß an Gespür für Rechtsstaatlichkeit und demokratische Grundsätze nutzt allein wissenschaftliche Expertise wenig. Und als Beleg für Qualität ist sie auch nicht geeignet.

Die Rolle der Medien: Zwischen Druck und Absicht

Die Medien befolgen im Wesentlichen zwei aufeinander abgestimmte Regelsysteme. Das erste Regelsystem besteht in der Auswahl berichtenswerter Ereignisse nach Maßgabe ihres Nachrichtenwerts, das zweite aus einer Reihe von attraktionssteigernden Inszenierungsformen für das so ausgewählte Nachrichtenmaterial, um das Publikumsinteresse anhaltend zu sichern. Das Zusammenwirken beider Regelsysteme kennzeichnet die spezifische Logik des Mediensystems. Ihr ist alles unterworfen, was im Mediensystem hervorgebracht wird. Es handelt sich dabei um einen dialektischen Vorgang: Die Politik unterwirft sich den Regeln der Medien, aber nur um auf diesem Wege die Herrschaft über die Öffentlichkeit zu gewinnen. Selbstmediatisierung wird zu einer zentralen Strategie politischen Handelns in der Mediengesellschaft. Kann aber Politik unter diesen Bedingungen überhaupt noch in angemessenem Ausmaß ihrer eigenen Logik folgen, oder wird sie zum Lieferanten für die spezifischen Bedürfnisse des Mediensystems?

Die Berichterstattung der Medien sorgt auch für Druck auf diejenigen, die eine eher kritische Haltung zur Flüchtlingspolitik seit 2015 haben. Manche haben sich nicht als neutrale Beobachter von Politik, sondern als Übermittler der politischen Botschaften zur Willkommenskultur gezeigt.

Die großen Leitmedien – also überregionale und regionale Tageszeitungen – wurden von Februar 2015 bis März 2016 wissenschaftlich analysiert. Die Journalismusstudie der Otto Brenner Stiftung wurde vom Leiter der Studie, Michael Haller, vorgestellt.

Haller stellte dar, dass die überregionalen Tageszeitungen sich ganz auf die Szenerie der Politik in Berlin eingelassen hatten. Es habe einen internen Diskurs mit der Politik gegeben, dabei sei die Bevölkerung vergessen worden. Immerhin hatte er 30 000 Texte gelesen, davon 17 000 mit entsprechenden Analyseinstrumenten unter die Lupe genommen. Über die Studie wurde bundesweit berichtet, viele Journalistinnen und Journalisten übten sich in Selbstkritik. In langsam zunehmendem Maße sind auch kritische Betrachtungen sichtbar.

Die Medien stehen aber nach wie vor unter dem Druck einer gemeinsamen, von Opposition (außer AfD) wie Regierung getragenen und geforderten Politik der Willkommenskultur, der weiteren Aufnahmebereitschaft von Migranten und unbegrenzten Zuwanderung in unsere sozialen Systeme.

Wie im politisch-medialen Hintergrund debattiert und agiert wird, offenbart die Position einer führenden Gewerkschafterin, deren gewerkschaftspolitische Heimat einmal bei den Medienschaffenden war: »Medienangebote sind keine reinen Marktprodukte, sie sind ein wesentlicher Beitrag zur Meinungsbildung. Entsprechend sind Journalisten auch keine Distributionsmaschinen, sondern Gatekeeper und Multiplikatoren.«

Lässt man das Seminardeutsch außer Acht, das eher auf einen gehörigen Abstand zum schaffenden Teil der Bevölkerung hinweist, wird die Funktion deutlich, die in einer Medienkonferenz des Deutschen Beamtenbundes für die Medien vorgesehen ist: Sie sollen weit mehr als die Übermittler von Nachrichten und neutralen Beobachter des Geschehens, sondern aktiv an der Meinungsbildung beteiligt sein.

Entsprechend auch Wolfgang Schäuble in einem Interview mit der *Welt am Sonntag* am 23. September 2018. Auf die Frage: »Welche Aufgaben haben Zeitungen wie *Welt am Sonntag* in dieser Lage und der heutigen Zeit überhaupt noch?«, antwortete Schäuble: »Sie haben drei Aufgaben: priorisieren, interpretieren und kommentieren. Die vermittelnde Aufgabe der Medien, aus der unendlichen Fülle der Informationen eine Übersicht zu verschaffen, sie zu erklären und sie zu bewerten – das ist in unserem Zeitalter der sozialen Netzwerke und allumfassender Informationsverfügbarkeit noch wichtiger als früher. Leider wird die Gefahr des Herdentriebs auch größer. Widerstehen Sie ihm.«

Was der kluge CDU-Politiker mit dem »Herdentrieb« gemeint haben mag, wissen wir nicht. Aber »priorisieren, interpretieren und kommentieren« zur Aufgabe der Medien zu erklären und »informieren« nicht einmal mehr zu erwähnen, ist bezeichnend und genauso wenig akzeptabel.

»Das freie Wort unter Druck« haben das PEN-Zentrum Deutschland und das Institut für Medienforschung der Universität Rostock untersucht und sind zu »erschütternden Ergebnissen« gelangt. Fünf-undsiebzig Prozent der repräsentativ Befragten seien in Sorge über die freie Meinungsäußerung in Deutschland und beklagten eine Zunahme von Bedrohungen. Die Autorinnen und Autoren, so die Berichterstattung in einer Sendung der Deutschen Welle am 10. Oktober 2018, würden sich angesichts vieler Einschüchterungen und Übergriffe zunehmend selbst auf das beschränken, worüber sie schreiben wollen und wie sie es tun. Ein schlimmer Befund, ein Alarmsignal, wie die Direktorin des Instituts aus Rostock, Elizabeth Prommer, diagnostizierte. Recht hat sie.

Die Selbstbeschränkung von Menschen ist kaum messbar. Niemand hört, wenn Menschen einfach nichts mehr sagen oder schreiben. Niemand nimmt wahr, was nicht gesagt wird. Und doch ist es ein kollektiver Verlust an Meinungsfreiheit. Und nichts deutet darauf hin, dass es besser werden könnte – im Gegenteil.

Vom Wohlstand für alle zum Reichtum für wenige: Wie Deutschland sich selbst abhängt

Ist das Wohlstandsversprechen von Ludwig Erhard erfüllt? »Deutschland ging es noch nie so gut wie heute«, preisen Berufsoptimisten aus der Politik vor allem sich selbst. Damit verbinden sie stets die Aufforderung, fröhlich und optimistisch in die Zukunft zu schauen.

Und viele Menschen geben ihnen recht. Den meisten von ihnen geht es wirklich gut. Aber Wohlstand ist mehr als Geld und Einkommen. Natürlich ist materielle Sicherheit ein wesentliches Kriterium für Wohlstand. Und gemessen an den meisten Ländern in der Welt steht Deutschland diesbezüglich glänzend da, keine Frage.

Aber es gehört mehr dazu. Sicherheit, Verlässlichkeit, Geborgenheit, viele Bedingungen, die für ein positives Lebensgefühl wichtig sind.

Wenn man bedenkt, wie viele Menschen in Einsamkeit, Abgeschiedenheit und Perspektivlosigkeit leben, sieht es mit dem Wohlstand schon ganz anders aus. Einen Platz in einem Pflegeheim bezahlen zu können, ist sicher ein Zeichen für materiellen Wohlstand. Aber das heißt noch lange nicht, dass man sich dort wohlfühlen kann. Man kann nicht von einer Gesellschaft sprechen, die in Wohlstand lebt, wenn man die vielen alten Menschen in Betracht zieht, die mit ihrer kleinen Rente nach einem harten Arbeitsleben nicht wissen, wie sie Strom und Miete bezahlen sollen. Oder die Alleinerziehenden mit schlecht bezahlten Jobs, die nur daran denken, wie sie sich und ihren Nachwuchs irgendwie »durchbringen«, und so ganz nebenbei noch dafür sorgen müssen, dass sie nicht in die Altersarmutsfalle geraten. Oder diejenigen, die krank oder gebrechlich und auf Pflege dringend angewiesen sind.

Pflege in Deutschland ist wie so viele soziale Leistungen mit zweistelligen Renditeerwartungen von Investoren verbunden. Auch das soll Sozialstaat Deutschland sein: Der Markt regiert, der Staat ist weit weg.

Und viele derjenigen, die ihr ganzes Leben lang nicht nur gesetzestreu, sondern auch fleißig gearbeitet haben, haben wenig bis nichts von dem angepriesenen Wohlstand, den andere umso mehr genießen dürfen.

Gemessen am Einkommen überall auf der Welt leben aber auch sie im Wohlstand, sonst hätte unser Land nicht diese unvergleichliche Anziehungskraft auf Menschen anderer Regionen und Kontinente. Die Ausgaben für den Sozialstaat sind nach wie vor hoch, höher als in den meisten Ländern der Welt. Aber die Armen spüren davon wenig.

Die Lage zeigt also ein gespaltenes Land – auch und gerade beim Thema Wohlstand. Es gibt viele Menschen, bei denen »am Ende des Gehalts noch viel vom Monat übrig ist«. Und dann gibt es eben jene, bei denen es sich genau umgekehrt verhält. Abgehängt und abgehoben, das sind die beiden Pole in unserem Land. Dass der Wohlstand auch für künftige Generationen noch da sein wird, ist wenig wahrscheinlich. Auch hier wird Deutschland abgehängt, während andere Länder kraftvoll vorbeiziehen.

»Nur knapp vor Aserbaidschan: Standort Deutschland rutscht weiter ab!«, »Staat denkt wenig an die Zukunft: Deutschland investiert deutlich unter OECD-Durchschnitt«, »Ein ernüchternder Blick auf Deutschland«, so und ähnlich lauten die mahnenden Analysen von volkswirtschaftlichen Experten.

»Die Weltwirtschaft wächst langsamer als erwartet, und die Risiken steigen«, sagte IWF-Chefin Christine Lagarde bei der Vorstellung der globalen Wachstumsprognosen für 2019 am Rande des Weltwirtschaftsforums in Davos. Von allen größeren Volkswirtschaften aber ist die Prognose nicht so stark gestutzt wie die für Deutschland: Die Vorhersage wurde um 0,6 Prozentpunkte reduziert. Unser Land spielt damit in einer Liga mit Saudi-Arabien. Deutschland wird nach unten durchgereicht.

Die von der Initiative Soziale Marktwirtschaft in Auftrag gegebene Studie »Die Zusammensetzung des öffentlichen Budgets in Deutschland« aus dem Jahr 2018 kommt zu dem fatalen Ergebnis, dass Deutschland seine Investitionstätigkeit um 40 Prozent steigern müsste, um überhaupt den Durchschnittswert der OECD-Länder zu erreichen. Diese Studie ist beachtlich, denn sie bezieht sich in ihren Vergleichen nicht, wie die Politik es gerne tut, auf irgendwelche Armutsregionen dieser Welt, sondern auf sechsunddreißig Mitgliedstaaten, die als entwickelte Länder mit relativ hohem Pro-Kopf-Einkommen gelten.

Unsere hohen Sozialausgaben (43,6 Prozent des Bruttoinlandsprodukts) klingen edel und deuten auf hohes Verantwortungsbewusstsein hin. Tatsächlich aber, so die erwähnte Studie, handelt es sich »zum Großteil um Sozialtransfers mit eher konsumtiven Charakter«. Im Klartext: Wir verfrühstücken gerade unsere Zukunft und die unserer Nachfahren, Deutschland lebt von seiner Substanz.

Da bleibt nicht mehr viel für Investitionen in die Zukunft, etwa die so dringend benötigten Milliarden für die Bildung. Vor allem dort liegt Deutschland bei den Ausgaben unter dem Durchschnitt. Dies deutet darauf hin, dass unser Land sich immer mehr von den Kernaufgaben des Staates im Sinne der Sozialen Marktwirtschaft entfernt.

Eine »Wohlstandsillusion« nennen andere Experten die derzeitige Situation, die ausgesprochen zerbrechlich und wenig zukunftsfest ist. Mit anderen Worten: Feiert, seid fröhlich, verbreitet gute Laune, besser wird's nicht, im Gegenteil.

Vielleicht kommt ja alles auch ganz anders, möchte man mit einem Rest an Hoffnung vermuten. Vielleicht kaufen die Menschen überall auf der Welt auch in hundert Jahren noch gerne Autos »Made in Germany«, Maschinen und Anlagen aus deutschen Fabriken und von deutschen Ingenieuren.

Vielleicht sagen die anderen Staaten auch: »Nun lasst uns mal mit Künstlicher Intelligenz etwas langsamer machen und auch mit den Investitionen in die Entwicklung moderner Mobilität, wir warten mal, bis Deutschland all seine Überlegungen zu Datenschutz, Ethik, Zuständigkeiten, Genehmigungsverfahren und Finanzierungsvorbehalten beendet hat, und dann machen wir weiter.«

Zweifel sind angebracht. Die Wahrscheinlichkeit ist größer, dass unsere Konkurrenten sich keinen Deut darum kümmern, wie stabil der Wohlstand in Deutschland ist, wie Deutschland in dreißig, fünfzig oder hundert Jahren aufgestellt sein wird.

Man kann das gut verstehen, denn alle diese Länder schauen mit großem Staunen auf ein Land, das Wirtschaftswunder und Wiedervereinigung geschafft hat. Ein Land, das mit seinen Leistungen und Innovationen weltweit seit Jahrzehnten für Furore sorgt und nicht merkt, dass dieser Wohlstand nicht nur in der Gegenwart genossen werden darf, sondern für die Zukunft abgesichert werden muss.

Schon unsere Schulen flächendeckend mit Computern auszustatten, bekommen wir seit Jahren nicht hin, ganz zu schweigen von der

Schaffung einer digitalen Infrastruktur, die diesen Namen verdient. Da wird von Digitalisierung getönt, wo nur ein paar Computer gekauft werden. Von schnellem Internet, von Vernetzung und Gestaltung ist dabei nicht einmal die Rede.

Und gleichzeitig ächzen schon jetzt die sozialen Sicherungssysteme unter den erwartbaren Herausforderungen des demografischen Wandels. Als ob das Älterwerden der Bevölkerung und die Abnahme junger Menschen überraschend gekommen wären, schummeln sich Entscheidungsträger durch die Legislaturperioden.

Da die Beiträge etwas raufsetzen, an anderer Stelle etwas runter, etwas Arbeitszeit mehr, ein paar Jahre Lebensarbeitszeit zusätzlich, dafür ein wenig Lebensqualität weniger, ein paar Versprechungen in Sachen privater Altersvorsorge hier, dann wieder Abkassieren durch Krankenversicherungen dort, und so geht das munter weiter, bis der nächste Wahltermin naht und Kommissionen und Arbeitsgruppen die Konzeptionslosigkeit wenigstens mit neuen Versprechungen ausschmücken und übertünchen.

Angstfaktor Nummer eins: Die Rente

»Kinder kriegen die Leute immer«, hat Kanzler Adenauer gesagt. Auf dieser Überzeugung hat er das Rentensystem in Deutschland gebaut. Gemeint ist der sogenannte Generationenvertrag: Zu einem festen Prozentsatz sollten die Jüngeren nun die Älteren an ihrem Einkommen beteiligen. Das System firmierte als »dynamische Rente«, war in Wahrheit eine automatische Steigerung, die den Wirtschaftsfachleuten in der Regierung überhaupt nicht behagte, denn »automatische Einkommenssteigerungen bedeuten Inflation«, steht in den Lehrbüchern. Die Alten arbeiten lange und sterben früh, und die Jungen arbeiten hart und lange, bleiben gesund und zeugen nebenbei noch Kinder. Als 1957 dieser Generationenvertrag geschlossen wurde, brachte jede Frau im statistischen Durchschnitt noch 2,3 Kinder zur Welt – heute nicht einmal 1,5.

Der Generationenvertrag, auf dem unsere staatliche Altersvorsorge basiert, bröckelt. Adenauers Parole hat sich als Trugschluss und Irrtum herausgestellt. Die Wahrheit ist, dass die Deutschen immer weniger Kinder bekommen, dafür aber länger leben. »Die Rente ist sicher«, verkündete 1986 fröhlich der damalige Arbeitsminister Norbert Blüm und war vermutlich der Einzige, der das wirklich glaubte. Vielleicht meinte er auch nur seine eigenen Altersbezüge. Seine Losung ist zur Leerformel geworden.

Wenn weniger gearbeitet wird, weniger Kinder gezeugt werden und unsere Rentner immer länger leben, muss man kein Rentenversicherungsexperte sein, da reicht einfachste Mathematik, das kann nicht gutgehen. Eine Zeit lang läuft das so, irgendwann kollabiert ein derartiges System.

Also müssen mehr Kinder her, die dann später zu Arbeitnehmerinnen und Arbeitnehmern und fleißigen Beitragszahlenden werden. »Wir brauchen also Zuwanderung«, argumentierten weite Teile der Wirtschaft, Industrie und natürlich der Politik. Die Folgen sind bekannt. Selbst scheinbar kluge Leute an der Spitze großer Organisationen und Wirtschaftsverbände erzählten vom kommenden Wunder auf dem deutschen Arbeitsmarkt, wenn nur genügend Menschen nach Deutschland kommen, egal, wo auch immer sie herkommen.

Es kamen Menschen, von denen nur einige wenige die Qualifikation oder die Bereitschaft hatten, zu Beitragszahlenden der maroden deutschen sozialen Sicherungssysteme zu werden.

Das war mal anders, als Menschen aus Osteuropa nach Deutschland zuwanderten, beispielsweise ins Ruhrgebiet, um dort ohne große Qualifikationen ins Bergwerk einzufahren oder auf Schiffswerften, in der Binnenschifffahrt, in Stahlwerken oder im Straßenbau zu arbeiten. Diese Arbeitsplätze existieren aber nicht mehr.

Noch hat es nicht jeder Arbeitgeberfunktionär begriffen, aber die meisten Menschen ahnen, dass die Ärzte, Lehrer, Piloten, Architekten und Ingenieure unter denjenigen, die nach Deutschland gekommen sind, eher sehr dünn gesät sind. Und welche Konsequenzen zieht die Politik? Bislang keine erkennbaren.

In den 1960er- und 70er-Jahren gab es nachvollziehbare Gründe für junge Menschen, nicht den alten Verhaltensmustern zu folgen. Frau am Herd, Mann auf der Arbeit, zwischendurch Kinder großziehen und in wirtschaftlicher Abhängigkeit vom Ehemann bis ins Alter als zweitrangig in der gesellschaftlichen Anerkennung zu gelten, davon hatten junge Frauen die Nase voll, zum Glück. Übrigens junge Männer auch, das Patriachart hatte ausgedient. Logisch, dass in der Folge weniger Kinder zur Welt kamen, die Pille tat ihr Übriges.

Fragt man heute junge Paare, warum sie keine Kinder haben oder höchstens eins oder zwei, bekommt man ganz andere Antworten. Heutzutage geht es weniger um Selbstverwirklichung oder das unbedingte Streben nach beruflichem Aufstieg. Der Wunsch junger Menschen, Familien zu gründen, ist nach wie vor vorhanden. Wenn es trotzdem nicht dazu kommt, hat das andere Gründe.

»Das beste Verhütungsmittel der Gegenwart ist schon lange nicht mehr die Pille, sondern das sind befristete Arbeitsverträge«, so die Vorsitzende der Jugendorganisation des Deutschen Beamtenbundes Karoline Herrmann bei ihrer Antrittsrede auf dem Bundesjugendtag in Berlin im Mai 2017. Die kluge Funktionsträgerin des Gewerkschaftsnachwuchses weist zielgenau auf ein wesentliches Hindernis der Familiengründung in Deutschland hin, dass nämlich die Arbeitsplatzsituation geprägt ist von Elementen, die wir mit der Gründung sozialer Sicherungssysteme eigentlich beseitigt zu haben glaubten.

Millionen junger Menschen haben schlicht kein Vertrauen darauf, dass sie in diesem Land tatsächlich auch für ihre Familie sorgen können. Wenn sie erst einmal jahrelang mit unbezahlten, allenfalls prekär entlohnten Praktika ausgenutzt wurden, sind sie im Anschluss für Arbeitgeber stets auf »Stand-by«, immer verfügbar und ohne jeglichen Schutz vor ungerechtfertigter Entlassung. Dabei erfolgt diese natürlich viel eleganter, indem der befristete Vertrag einfach nicht verlängert wird.

Dieses Arbeitsmodell ist zutiefst unsozial und ungerecht, wird aber hunderttausendfach praktiziert. Übrigens von denjenigen am meisten, die am lautesten darauf schimpfen: von öffentlichen Verwaltungen, Schulen, Universitäten, Verlagen, Ministerien, Parlamenten.

Menschen beziehen also immer länger Rente, weil sie immer älter werden und ihre Lebensarbeitszeit kürzer wird. Zusätzlich werden jede Menge künstliche Hürden in Form von prekären Beschäftigungsverhältnissen geschaffen, die es für junge Menschen nahezu unmöglich machen, verantwortbar und mit Weitsicht Familien zu gründen.

Gleichzeitig wird unser Sozialsystem durch den Unterhalt Hunderttausender Menschen belastet, die niemals auch nur ansatzweise zurückgeben könnten, was sie daraus empfangen haben, selbst wenn sie wollten.

Klar, es gibt auch Berechnungen, die genau das Gegenteil sagen. Dass nämlich möglichst viel unkontrollierte Zuwanderung auch das Problem unserer sozialen Sicherungssysteme lösen wird. Aber dazu muss man bei Bündnis 90/Die Grünen das Rechnen gelernt haben.

Das war's dann mit dem Generationenvertrag, das begreift eigentlich jeder, der nur die Grundrechenarten beherrscht. Aber wie geht es denn nun weiter? Antworten sind rar und unzureichend. »Rette sich, wer kann«, sagen diejenigen, die außerhalb des Systems sind und ihre Ersparnisse vor dem gierigen Zugriff der Pleitegeier sichern wollen.

Genau das wäre jetzt die Stunde entschlossener Politik. Sie müsste die Strategie vorgeben, Zukunftssicherung auch längerfristig zu gestalten. Wieder Fehlanzeige. Stattdessen jeden Tag neue Schlagzeilen, die auf viele Menschen eher bedrohlich wirken und die Zukunftsängste vergrößern.

Mal ist es die Lebensarbeitszeitgrenze, mal das Rentenniveau, dann wieder der »Klassiker«, einfach nur mehr Geld ins System zu pumpen, und am Ende wieder einmal ein Kompromiss, der zwar über die nächste Zeit retten soll, vielen Menschen aber eher noch mehr Angst macht.

Und gelegentlich überbieten sich Arbeitgeber und Teile der Politik mit immer neuen Forderungen nach längeren Arbeitszeiten im Alter. Gelegentlich drängt sich der Eindruck auf, der Begriff »Lebensarbeitszeitgrenze« soll als »Arbeiten, bis man tot umfällt« neu definiert werden. Ist ein späterer Rentenbeginn eine Lösung für die unter Druck stehende Alterssicherung? Wohl kaum. Wie aus der Antwort der Bundesregierung auf eine Frage der Linke-Abgeordneten Sabine Zimmermann hervorgeht, starben laut Angaben des Statistischen Bundesamts von 2005 bis 2014 rund 1,4 Millionen Menschen (also rund 16 Prozent der Gesamtbevölkerung) vor Erreichen des 65. Lebensjahres.

Das Fazit der Regierung: Die Rente bleibt auf niedrigem Niveau, eine Arbeitsgruppe berät und hat den Auftrag, die Finanzierbarkeit bis 2025 zu sichern. Dann wieder gähnende Leere. Das war's? Wie sollen Menschen Vertrauen in einen Staat entwickeln, der nicht einmal in der Lage ist, ein Rentensystem für Arbeitnehmerinnen und Arbeitnehmer länger als ein paar Jahre im Voraus zu gestalten?

Die Stunde der Abzocker: Private Altersversorgung

Zur deutschen Kultur gehörte jahrzehntelang der Weltspartag. Die Kinder brachten ihre Sparschweine zur örtlichen Sparkasse. Die über das Jahr angesammelten Münzen summierten sich zu einem Betrag, der dann im Sparbuch schriftlich fixiert war. Dazu kamen Zinsen, die zu dem Sparbetrag hinzugezählt wurden. Für die jüngeren Leserinnen und Leser: Die Banken gaben den Menschen früher eine Art Belohnung dafür, dass sie ihnen ihr Geld gegeben hatten, damit sie dafür bei Krediten höhere Zinsen verlangen konnten.

Aus, vorbei. Wer das noch tut, ist ein Versager. Er verbrennt Geld, ist nicht dabei, wo Geld verdient wird. Das ist das neue Leitbild, das uns eingeredet wird. Jeder muss am Kapitalmarkt mitmischen, wo das große Geld gemacht wird.

Schließlich muss zur Rente jetzt noch die betriebliche und die private Altersversorgung hinzukommen. Letzteres ist kompliziert geworden. Denn für die jahrzehntelange Überlassung eines Teils dessen, was die Menschen verdienen, brauchen sie vor allem Vertrauen in diejenigen, denen sie das Geld überlassen.

Ein nahezu unüberschaubarer Markt mit komplizierten und schwer verständlichen Produkten offenbart sich dem Normalbürger, und nirgends – mit Ausnahme der zwar emsigen, aber de facto machtlosen Verbraucherzentralen – ist ein Kompass in Sicht, nirgends eine Aufsicht, die diesen Namen verdient, kein Staat, der irgendetwas ordnet oder überwacht und die Menschen vor Abzockern schützt.

Im Gegenteil. Von vermeintlichen Steuervorteilen angelockt, verbrannten viele ihr Geld in angeblichen Topinvestitionen, die sich später als Schrottimmobilien und Schiffsfriedhöfe herausstellten. Oder sie zahlten jahrzehntelang in Verträge ein, in die sie mit Prämien und Steuervorteilen gelockt worden waren. Um am Ende der Laufzeit festzustellen, dass der Staat noch während der Laufzeit die Konditionen geändert hatte.

Das Vertrauen ist im freien Fall. Wer kein Studium der Volkswirtschaft oder zumindest eine solide Banklehre absolviert hat, blickt kaum noch durch. Deshalb: Ab zum Berater! Doch zu welchem? Zum Bankberater, der Bankprodukte verkauft? Oder zum Versicherungsberater, der zufällig tolle Schnäppchen mit Riesenrenditen von seiner Versicherung im Angebot hat? Oder zum unabhängigen Berater, der auch nichts anderes als die Illusion von Sicherheit und Renditen bereithält?

Nach Jahrzehnten der Sicherheit des Sparbuchs und der Lebensversicherung sind die Menschen ratlos und verunsichert. Und wer mit Mindestlohn und Zeitverträgen oder Praktika zu kämpfen hat, hört staunend die mahnenden Worte der Politik, dass die sichere Rente nicht reicht und man privat vorsorgen solle, wie auch immer.

Der neueste Clou werden Aktien sein. Aber welchen Firmen oder Konzernen schenkt der Anleger sein Vertrauen über lange Jahre? Vielleicht sitzt das Management des einen Unternehmens schon morgen hinter Gittern, vielleicht ist das nächste übermorgen an ein unbekanntes chinesisches Konsortium verkauft, vielleicht existiert das dritte schon nächste Woche nicht mehr.

Ein Volk von Zockern am Markt werden die Deutschen wohl erst einmal nicht werden, schon gar nicht in einer Zeit, in der Schutz vor Abzockern nirgends erkennbar ist. Wo selbst Banken und Versicherungen, die früher als Hort von Seriosität und Sicherheit galten, dramatisch an Ansehen eingebüßt haben, werden auch die buntesten Prospekte mit spitzen Fingern angefasst.

Die Medien sind voll von Prognosen und Spekulationen und verwirren noch mehr. Globale Konjunkturerwartungen, Brexit, USA, China, Italien, Eurokrise, Schuldenspirale, Zinspolitik, Handelskriege, Steuern – schon die Verhaftung einer x-beliebigen Managerin eines Großkonzerns kann den Aktienmarkt durcheinanderwirbeln.

Die Wahrheit ist wohl: Es gibt keine Sicherheit, kein Vertrauen, keine Verlässlichkeit mehr. Die Menschen sind den Ereignissen von Weltpolitik und Finanzmärkten und ihren Akteuren schutzlos ausgeliefert. Kein gutes Omen für die Zukunft.

Solchen Märkten sein Vermögen anzuvertrauen und darauf zu hoffen, dass Jahrzehnte später daraus eine solide und tragfähige Altersversorgung wird, einschließlich der Absicherung der Risiken von Pflegeversorgung, das erfordert echten Mut. Oder eben Vertrauen. Der Staat wäre die letzte Institution, die da helfen könnte. Aber wenn deren Repräsentanten unmittelbar im Anschluss an ihre Regierungstätigkeit in jene Branchen wechseln, die den Menschen das Geld aus der Tasche gezogen haben, ist auch das dahin.

Angstfaktor Nummer zwei: Des Deutschen liebstes Kind

Niemand weiß, wie lange deutsches Firmenmanagement und Politik noch brauchen werden, um die deutsche Automobilindustrie endgültig zugrunde zu richten. Im Herbst 2018 hatte die deutsche Öffentlichkeit jedenfalls den Eindruck, als sei für diese Zielerreichung buchstäblich der Turbo gezündet worden. Eines der letzten Flaggschiffe unseres Wohlstands, deutsche Autos, die überall in der Welt gewünscht sind, ist in Gefahr.

Alles begann mit der erlösenden Nachtsitzung, dem »Dieselgipfel« im Oktober 2018. Vorrangiges Ziel: Fahrverbote verhindern. Wenige Tage später: Das Verwaltungsgericht Berlin verhängt Fahrverbote auf elf Straßen in der Hauptstadt. Na, da hat das ja schon mal geklappt. Dabei hatten die Spitzen der Koalition wieder mal »bis in die späte Nacht hinein getagt«.

Dieses Ritual begegnet uns stets dann, wenn das Kind längst tief im Brunnen liegt. Es soll signalisieren, dass die Politik mit allen Kräften, notfalls bis an den Rand der Erschöpfung, für das Wohl der Menschen arbeitet. Dabei verlässt sie sich darauf, dass die Menschen zu diesem Zeitpunkt die jahrelange Untätigkeit zuvor vergessen haben.

Es ist erstaunlich, wie wenig lernfähig Politik ist. Und mit welch großer Hartnäckigkeit immer erst abgewartet wird, bis riesige Schäden entstehen, bevor gehandelt wird. Es fehlen Experten mit Überblick über den nächsten Wahltag hinaus. Da fragt man sich gelegentlich, was eigentlich die »externen Berater der Regierung« so treiben. Vielleicht sollte die Politik es dann doch lieber mit dem Wissen der eigenen Beschäftigten versuchen statt mit politikfremden Fachleuten, die vor allem im Geldverdienen Experten sind.

Man muss weder Dieseltechniker noch Klimaexperte sein, um nachzuvollziehen, was dort zum Schaden unserer Wirtschaft abgelaufen ist. Eine Industrie, in der völlig verantwortungslose und skrupellose Menschen an der Spitze stehen, die ihre Augen allein auf die Gewinnmaximierung des Augenblicks richten und denen die Folgen dessen, was sie tun, recht egal sind.

Gut wenigstens, dass der eine oder andere hinter Gitter gewandert ist, das lässt für den Rechtsstaat hoffen. Den Schaden wiedergutmachen können sie ohnehin nicht, der wird unbezahlbar sein. Jetzt kann es eigentlich nur darauf ankommen, ihn möglichst zu begrenzen. Aber auch das ist nicht erkennbar. Während deutsche Gerichte der geltenden Rechtslage folgen und ein Fahrverbot nach dem anderen verhängen, schauen die politischen Akteure wie das Kaninchen auf die Schlange, in der furchterregenden Erwartung, was die Automobilmanager als nächstes Szenario ankündigen.

Wie soll jemals wieder Vertrauen hergestellt werden, wenn Autobauer sich selbst kontrollieren, Politik schläft und nur ein Verein hellwach ist und die Städte gleich reihenweise verklagt? Wann endlich zeigt der Gesetzgeber, dass er in der Lage ist, diejenigen zur Verantwortung zu ziehen, die dieses Chaos verursacht haben?

Sehenden Auges läuft Deutschland in die wirtschaftliche Katastrophe, begleitet von Dieselgipfeln und Kompromissen, die den Prozess eher beschleunigen als abbremsen oder gar verhindern.

Und um Absurdistan perfekt zu machen, verlangen einige Akteure auch noch, die Polizei als Erfüllungsgehilfen dieses Irrsinns zu missbrauchen und sie zu »Fahrverbotskontrollen« einzusetzen, statt moderne Technik einzusetzen, die längst verfügbar ist.

Kein Rezept gegen Mörder, Totschläger, Vergewaltiger und Terroristen, aber raus auf die Straße und – wie in Hamburg geschehen – im Schatten riesiger dieselgetriebener Kreuzfahrtschiffe den kleinen Handwerker erwischen, der sich noch kein neues Dieselauto gekauft hat.

Und so ist die Lage für Deutschland unverändert. Ungewisse Zukunft, von Ängsten und Vertrauensverlust geprägt. Furcht vor Altersarmut und die Sorge um künftige Generationen bestimmen das Bild, denn von künftigen positiven wirtschaftlichen Erfolgen werden nur andere etwas haben, Deutschland wird abgehängt – vielleicht ist es das schon längst.

Deutschland im Abwärtsschwung

Verkehrsinfrastruktur, Stromübertragungsnetzwerke, Breitband-infrastruktur und öffentliche Gebäude – alles müsste gleichzeitig angepackt werden, wird es aber nicht. Die Voraussetzungen dafür sind auch denkbar schlecht. Wenn der Staat investieren will, muss er vorher planen, da fängt das Elend schon an. In Deutschland ist zu wenig investiert worden. Die Infrastruktur der Städte und Gemeinden wurde besonders vernachlässigt. Sie passt nicht zum weit verbreiteten politischen Image unseres »reichen Landes«. Die öffentliche Infrastruktur verfällt, Nicht nur die bauliche öffentliche Infrastruktur verfällt, sondern auch die im Bereich der Bildung, da auch dort die Ausgaben seit Jahren gesunken sind. Wurden in den 1990er-Jahren noch Nettoinvestitionen in Höhe von ca. 7,5 Prozent des Bruttoinlandsprodukts getätigt, so sank – laut der Studie »Investieren Staat und Unternehmen im Deutschland zu wenig?« des Instituts der deutschen Wirtschaft aus dem Jahr 2017 – die Quote zwischen 2010 und 2016 auf 2,2 Prozent. Der Studie zufolge gefährdet der Rückgang der Sachinvestitionen das wirtschaftliche Potenzial Deutschlands, denn »öffentliche Investitionen sind von großer Bedeutung, da sie die Funktionsfähigkeit der öffentlichen Infrastruktur sichern, welche die Grundlage für private Investitionen bildet«. Ist damit der Verfall unserer Zukunft eingeleitet?

Über mehr als sieben Brücken wird man bald nicht mehr gehen können

Vielleicht geht ja künftig alles ganz schnell. Warum sollen Pendler morgens im Stau stehen, um zur Arbeit zu kommen, wenn doch online der optimale Weg zur Arbeit mit dem besten Verkehrsmittel abgerufen werden kann? Da kann man dann blitzschnell vom eigenen Auto in den reibungslos funktionierenden ÖPNV wechseln und ist ruckzuck am Arbeitsplatz. Und warum soll man sich überhaupt mit dem Auto über verrottete Straßen quälen, statt direkt ein Lufttaxi zu bestellen? Hört man den Visionen aus dem Kanzleramt zu, ist das alles schon bald möglich.

Wir leben in einem Land, das es in zwölf Jahren nicht fertiggebracht hat, einen Flughafen in der Hauptstadt zu bauen, von anderen Projekten ganz zu schweigen. Gleichzeitig werden Landeplätze für Lufttaxis mitten in der bayerischen Landeshauptstadt gefordert. Damit kann man dann innerhalb von sieben Minuten vom Hauptbahnhof zum Flughafen München gelangen. Dieselbe Strecke in zehn Minuten mit dem Transrapid hat damals unter Ministerpräsident Edmund Stoiber bekanntlich nicht ganz so gut geklappt.

Und während die Gedankenspiele im Kanzleramt und anderswo zu immer neuen Utopien streben, verfallen unsere Straßen, Brücken und andere öffentliche Infrastruktur immer mehr. Der Investitionsstau ist gigantisch. Das müsste nicht sein, denn gigantisch sind auch die Steuereinnahmen des Staates. Wenn da nicht politische Entscheidungen wären, die seit Jahren eine Steigerung öffentlicher Investitionen behindern.

Die meisten müssten nämlich von Ländern und Gemeinden getätigt werden, und genau da liegt das Problem. Aber 2020 greift das Verbot der Neuverschuldung, und wenn dann gespart werden muss, auch weil die Konjunktur die Steuereinnahmen nach unten sinken lassen, bleiben notwendige Investitionen weiter auf der Strecke.

Und auch Ingenieure sind Mangelware, Menschen also, die Berechnungen anstellen, planen und Genehmigungsverfahren beachten, Vorschriften kennen und beachten und weniger von Lufttaxis schwärmen, dafür aber Straßen und Brücken bauen und erhalten können.

Unsere Ingenieure in den Kommunen sind durchschnittlich rund 50 Jahre alt, sie werden in absehbarer Zeit in Rente gehen. Weniger als 8 Prozent der erwerbstätigen »baunahen Ingenieure«, so das Institut der deutschen Wirtschaft Köln, sind jünger als 35 Jahre, ab 45

Jahre und älter sind 65 Prozent. Die Baupreise steigen, Steuern, Energiekosten, Bürokratie und Fachkräftemangel bestimmen das Bild.

Da hilft es wenig, wenn an unseren Schulen und Universitäten andere Wissenschaften Hochkonjunktur haben. Sie werden auch für die Exportnation Deutschland wenig bringen. Während unser Land früher Maschinen, Kraftwerkstechnologien, ganze Industrien und vor allem gute und solide Autos nicht nur erfunden, sondern auch gebaut und in alle Welt exportiert hat, sollen künftig Genderwissenschaften, Datenschutz und Diplom-Flüchtlingshelfer deutsche Exportschlager werden. Bleibt nur noch die Frage, welches Land auf der Welt dafür Geld ausgeben wird.

Und dann ist es auch fast egal, wie viel Geld beispielsweise aus Bundesmitteln zur Verfügung gestellt wird, um Verkehrsinfrastruktur zu modernisieren – wenn vor Ort die Menschen fehlen, um solche Vorhaben zu planen, genehmigen zu lassen und konkret durchzuführen, verfällt alles weiter. Seit Jahrzehnten müsste umgesteuert werden, stattdessen geschieht das Gegenteil.

Eine Steuerreform ist in Deutschland nicht in Sicht, obwohl unser Land an der Spitze der Belastungen für Unternehmen wie für einzelne Beschäftigte steht. Das hemmt die Bereitschaft zu unternehmerischen Investitionen. Und auch für die Bürokratie gilt: Lieber noch etwas mehr Datenschutz, Dokumentations- und Nachweispflicht, Gutachten auch für den letzten Froschlurch, Bauvorschriften und vieles andere mehr.

Auch die politischen Unsicherheiten wachsen, der Brexit ist nur ein Indiz für die Spaltung Europas. Der offene Zwist zwischen Frankreich und Italien, die Isolierung Deutschlands und die Reserviertheit der Visegrád-Länder deuten kaum auf eine Stabilisierung des Kontinents hin. Diese wäre aber dringend notwendig.

Verbesserte Ausbildung in Schulen und Universitäten, Ausbau und Pflege der digitalen Infrastruktur und Verkehrswege, massive Steigerung der Erhaltungsinvestitionen – die Stichworte sind immer die gleichen und wenig passiert. Stattdessen neue Utopien, Visionen und Ziele in fernster Zukunft. Dabei wächst der Investitionsstau immer weiter, schon jetzt liegt er bei mehr als 136 Milliarden Euro. Und die Bedingungen werden nicht besser. Schon jetzt gibt es Anzeichen dafür, dass die guten Wirtschaftsjahre vorbei sind. Bei unserer Bundesregierung weiß man es nie so genau, wie die Steuereinnahmen gerade so sind. Je nach Tageslaune, so scheint es, hat der Bundesfinanzminister mehr als 30 Milliarden Euro im Überfluss, die er »zurücklegen« kann, um schon wenige Wochen später ein 25-Milliarden-Loch in seinem Haushalt zu entdecken.

Aber die Zeichen an der Wand sind nicht zu übersehen. Personalabbau in wichtigen Industriezweigen, der Niedergang der Automobilindustrie wie der Kraftwerkstechnik scheint sich zu beschleunigen. Darunter werden auch und vor allem Zulieferer, also der Mittelstand, das Rückgrat unseres Wohlstands, zu leiden haben. Niemand weiß, was die Energiepolitik uns künftig kosten wird, noch höher lassen sich die Energiepreise für die Verbraucher kaum schrauben, sie sind schon jetzt Spitze in Europa.

Der Zustand des Landes ist bedrückend; fast die Hälfte der Autobahnbrücken wurde zwischen 1965 und 1975 gebaut, sie müssten heute grundsaniert werden. Die meisten von ihnen müssten vermutlich komplett neu gebaut werden, denn sie waren nie für die heutigen Verkehrsmengen ausgelegt. Etwa 10 000 kommunale Brücken galten schon 2017 als nicht mehr sanierungsfähig und müssten komplett ersetzt werden. Auch bei den Binnenwasserstraßen und dem Schienennetz der Deutschen Bahn zeichnet sich ein ähnliches Bild, Verfall überall.

Der Substanzverlust scheint nicht aufzuhalten zu sein, wenn kein Wunder geschieht. Aber das ist nicht in Sicht. Daran ändert auch die Tatsache nichts, dass der Bund seit 2015 mehr Geld für öffentliche Investitionen bereitstellt. Und wie so oft ist die Lage in den Ländern unterschiedlich. Zwischen 170 Euro und 519 Euro pro Kopf lagen die Nettoinvestitionen in einzelnen Ländern auseinander, entsprechend unterschiedlich sind die Zustände. Eine starke Volkswirtschaft wie Deutschland braucht aber mindestens ähnliche Bedingungen. Wenn die Wirtschaft in Bayern floriert, reicht es nicht für die ganze Republik.

Die gepanzerte Limousine der damaligen nordrhein-westfälischen Ministerpräsidentin Hannelore Kraft war schwerer als 3,5 Tonnen, deshalb durfte die Regierungschefin lange Zeit nicht über die marode Rheinbrücke bei Neuss gefahren werden. Das Problem wird in den kommenden Jahren wachsen, rund die Hälfte der 1119 Brücken, die auf ihre Statik überprüft wurden, müssen wohl neu errichtet werden. Nirgends ist ernsthaft in Sicht, wie das realisiert werden kann.

Für Deutschlands bevölkerungsreichstes Bundesland, seine Menschen, seine Wirtschaft und seine Zukunft sieht die Verkehrsinfrastruktur jedenfalls düster aus. Aber wer weiß, vielleicht steigt der jetzige Ministerpräsident Laschet ja bald auf Lufttaxis um.

Schulen am Limit: Hilfeersuchen, Gewalt, Missstände

Der wohl berühmteste Brandbrief einer Schulleitung war der aus der Berliner Rütli-Hauptschule in Berlin-Neukölln aus dem Jahr 2006. Darin wird der hohe Anteil von Kindern mit Migrationshintergrund (83,2 Prozent) und die dramatische Steigerung arabischstämmiger Schülerinnen und Schüler (damals 34,9 Prozent) beklagt.

Die Stimmung in den Schulklassen, hieß es, sei geprägt von Aggressivität und Respektlosigkeit Erwachsenen gegenüber. Nur wenige Schülerinnen und Schüler würden das notwendige Arbeitsmaterial mitbringen, die Gewaltbereitschaft sei hoch. Sachbeschädigungen und Drohungen gegen das Lehrpersonal seien an der Tagesordnung, menschenverachtendes Auftreten der Standardfall, und Regeln würden nahezu ignoriert.

»Die Schüler/innen sind vor allem damit beschäftigt, sich das neueste Handy zu organisieren, ihr Outfit zu gestalten, damit sie dazugehören und nicht verlacht werden. Schule ist für sie auch Schauplatz eines Machtkampfes um Anerkennung. Der Intensivtäter wird zum Vorbild. Es gibt für sie in der Schule ansonsten keine positiven Vorbilder – die Lehrerinnen und Lehrer werden nicht als solche wahrgenommen. Wir sind ratlos.« So die erschreckende Bilanz von vor dreizehn Jahren.

Der Fall machte Schlagzeilen, die Öffentlichkeit war entsetzt, die Politik alarmiert. Erst einmal gab es Polizeischutz, flankiert von Sozialarbeitern und Schulpsychologen. Und die Politik blieb dran. Etliche Behörden und Einrichtungen wurden miteinander vernetzt, es gab Geld, kluge Konzepte und langen Atem.

Heute ist die Schule vorzeigbar, es wurde eine Menge geleistet, es gibt Kindertagesstätten, ein Jugendzentrum, eine pädagogische Werkstatt, eine Berufswerkstatt. Konflikte werden rasch geklärt und mithilfe von Pädagogen gemeinsam geregelt, der Wachschutz passt nach wie vor auf.

Dreizehn Jahre sind eine lange Zeit. Lange genug, um einen Blick auf die Schullandschaft zu werfen und danach zu schauen, ob möglicherweise auch an anderen Schulen Defizite bestehen, ob Hilfe benötigt wird. Offenbar nicht Zeit genug. Brandbriefe sind in Mode gekommen, es brennt lichterloh, wo eigentlich Bildung, Erziehung und Vorbereitung auf das Leben professionell und kompetent geleistet werden sollten.

Frankfurt am Main, März 2017: Brandbrief von 57 Rektoren und 18 Konrektoren an den hessischen Kultusminister zur Situation der Grundschulen in der Region. »In Frankfurter Grundschulen sitzen Kinder aus Vietnam neben Kindern aus Eritrea, Kinder aus Bolivien neben Kindern aus Nigeria, Kinder aus Rumänien neben Kindern aus Syrien. Viele dieser Kinder, obwohl zum großen Teil in Frankfurt geboren, kommen ohne ausreichende Deutschkenntnisse in die Schule, dazu kommen Probleme des familiären Umfeldes wie Arbeitslosigkeit, Perspektivlosigkeit, Bildungsferne, Familienzerfall, zunehmende Radikalisierung in Teilen der islamischen Religionszugehörigkeit bis hin zu Erfahrungen mit Drogen und Gewalt.«

München, Februar 2018: Ein Grundschullehrer schreibt einen Brandbrief über die Zustände, die an der Schule herrschen, an der er seit fünfzehn Jahren unterrichtet:»Auch unter den Schülern ist der Umgangston rauer geworden. Fluchen, schimpfen, schlagen – das steht bei uns auf dem Tagesprogramm. Manche Beleidigungen treiben mir die Schamesröte ins Gesicht. Doch am schlimmsten ist es, wenn Kinder sich gegenseitig schlagen, bis einer blutend auf dem Boden liegt.«

»Das Problem«, so der verzweifelte Pädagoge weiter,»sind die Eltern. Sie sind meist sehr mit sich selbst beschäftigt, leben oft am Existenzminimum. Sind selbst in sozial schwachen und bildungsfernen Familien groß geworden. Bei einigen Familien läuft morgens schon der Fernseher, Bücher gibt es kaum. Das Einzige, was sie lesen, sind WhatsApp-Nachrichten oder das Fernsehprogramm.«

Hamburg, Juni 2018: Die Fachschule für Sozialpädagogik in Altona beschreibt in einem Brandbrief die dramatische Situation der Ausbildung von Personal für die Kindertagesstätten:»Das sind Jugendliche, die früher in die Hauswirtschaft gegangen sind. Die sind nett und engagiert, aber sie haben einfach nicht das Zeug zum Kita-Beruf.« Manche könnten Kindern nicht einmal etwas vorlesen, weil sie selbst nicht gut genug lesen könnten, vom Schreiben ganz zu schweigen.

Hannover, September 2018: Der Schulelternrat der Gesamtschule Stöcken mahnt die unzureichende Unterrichtsversorgung in einem erneuten Brandbrief an. 230 Schulstunden pro Woche entfielen wegen fehlender Lehrkräfte. Außerdem brauche man unbedingt mehr Personal für dringend benötigte Sozialarbeit.

Berlin-Neukölln, November 2018: Eine Rektorin klagt öffentlich:»Wir werden arabisiert!« Von 103 Kindern, die im Sommer an die Grundschule gekommen waren, hatte ein einziges Kind deutsche Eltern. An zwei weiteren Schulen waren es unter 109 Kindern gerade einmal zwei Kinder mit Deutsch als Mutter- und Familiensprache. Die engagierte Schulleiterin berichtete aus den Elternhäusern der Kinder, die von Teams aus Lehrkräften, Erziehern und Sozialarbeitern zu Hause besucht werden. Keine Struktur in den Elternhäusern, die auf geordnete Verhältnisse hindeutete, kein eigenes Bett, keine gemeinsamen Mahlzeiten, keine Möglichkeit zu lernen. Erziehung zu normalen Umgangsformen: Fehlanzeige.

Lehrerverbände berichten von Gewalt zwischen Schülern, zwischen Schülern und Lehrern und gegen öffentliches Eigentum, von Respektlosigkeit und Aggressivität, von Brutalität und Ignoranz. Der Verband Bildung und Erziehung hat die Gesellschaft für Sozialforschung und statistische Analysen Forsa beauftragt, eine repräsentative Umfrage unter Lehrkräften durchzuführen. Die Ergebnisse waren erschreckend: Mehr als die Hälfte der Befragten gab an, Opfer psychischer Gewalt geworden zu sein, körperliche Gewalt hatte mehr als jede fünfte Lehrkraft am eigenen Leib erfahren.

Frauen sehen mit 64 Prozent deutlich stärker eine Zunahme von Gewalt als Männer (51 Prozent). Lehrkräfte von Förderschulen stimmen zu 71 Prozent der Aussage zu, dass die Gewalt zugenommen hat. An Gesamtschulen sagen zwar nur 54 Prozent, dass die Gewalt zugenommen hat, allerdings berichten verhältnismäßig viele Lehrkräfte davon, dass sich die Gewaltsituation nicht verändert hat.

Nur zwei bis fünf Prozent der Befragten schätzen ein, dass Gewalt an Schulen abgenommen hat. Lehrkräfte an Gymnasien sagen zu 52 Prozent, dass »Gewalt gegen Lehrkräfte« ein Tabuthema ist. An Grund- und Hauptschulen sagen dies 61 Prozent.

Schulen sind kein geschützter Raum, weder für Lehrkräfte noch für Kinder, bringt es die Autorin Petra Reichling in ihrem Buch *Tatort Schulhof* auf den Punkt. Diebstähle, Mobbing, Bullying, Gewalt – bis hin zu Sexualdelikten der übelsten Art. Fast jede Schule ist von Kriminalität betroffen, schildert die erfahrene Kriminalhauptkommissarin.

Verrottete Kathedralen der Bildung: Vorhersehbares Desaster

Das Problem heißt Deutschland, heißt Schulpolitik in Deutschland. Jahrzehntelang hausgemacht, sehenden Auges in die Misere gerutscht. »Kathedralen der Bildung« sollten unsere Schulen sein, tönte der damalige SPD-Vorsitzende Sigmar Gabriel, während Regierungen in den Ländern, egal von welcher Partei geführt, viele Schulen zu baufälligen Ruinen verkommen ließen.

Heute beträgt allein der Investitionsstau bei Baumaßnahmen rund 50 Milliarden Euro, und es ist unmöglich, dieses Problem in absehbarer Zeit zu lösen. Zu wenig Geld, zu wenig Handwerker, zu viel Bürokratie, zu wenig Macher. Und obendrauf der Streit zwischen Bund und Ländern darüber, wer Schulen sanieren darf. Mit dem Ergebnis, dass nicht einmal im Ansatz von einer wirklichen Kraftanstrengung die Rede sein kann.

In dem Verfall geweihten Gebäuden gedeihen Gewalt, Ignoranz und Gleichgültigkeit. Kinder spüren instinktiv, was sie dem Staat wert sind, nämlich nur das Nötigste. Und auch die Personalsituation ist hausgemacht. Kinder fallen nicht vom Himmel, sie brauchen einige Jahre, um eingeschult zu werden, genug Zeit also, Planstellen und Ausbildungsplätze für Lehrkräfte zu schaffen. Stattdessen überall das Bemühen, sich mit möglichst wenig Ausgaben über die Runden und die Legislaturperioden zu retten. Soll doch die nächste politische Führung des Landes das Problem lösen!

Es ist eine Binsenweisheit, dass man mit anständiger Bezahlung, guter Ausbildung und guten Arbeitsbedingungen die besten Kräfte holen und die Attraktivität eines Berufs steigern kann. Das ist bei der Polizei genauso wie in der Schule. Stattdessen aber gibt es tatsächlich Länder, die ihr Lehrpersonal in den großen Ferien entlassen und zum Arbeitsamt schicken, um ein paar Euro zu sparen und die Arbeitslosenversicherung zu belasten. Was für ein Irrsinn im reichen Land Deutschland!

»Wir wollen die Bildungsrepublik Deutschland werden!« Verzweifelte Eltern und Kinder können dieses unerträgliche Politikergerede nicht mehr hören, sie wollen endlich sehen, dass Deutschland ihre Zukunft ernst meint. Und sie haben Anspruch darauf, dass richtig investiert wird, ohne dass eitle unsinnige Zuständigkeitsdebatten darüber geführt werden, wer die Sanierung organisiert und bezahlt.

Natürlich kann man mit ambitionierten politischen Zielen viel Gutes tun. Inklusion als Akt der Menschlichkeit, Bildung und Erziehung für Kinder zugewanderter Menschen. Die Liste der Wohltaten, die mit viel Pathos angekündigt und politisch auf den Weg gebracht wurden, ist lang. Aber noch länger ist die Liste der Versäumnisse, unter denen unsere Schulen und Kitas leiden.

In der ehemaligen DDR gab es kein Problem damit, sein Kind schon sehr früh in die Kita zu bringen, das Netz war flächendeckend eng und ausreichend. Heute müssen junge Eltern monatelang um die Unterbringung ihres Nachwuchses betteln. Und mancherorts erhalten sie die Auskunft, dass die Anmeldung eigentlich zu einem Termin hätte erfolgen sollen, als das Kind noch nicht einmal gezeugt war.

Da nützt die kostenfreie Betreuung nichts, wenn es zu wenig Kitas gibt und das Personal fehlt. Frühkindliche Bildung in gut ausgestatteten Kitas mit qualifizierten Kräften sind und bleiben eine gute Investition und Voraussetzung für einen gelungenen Schulstart.

Doch auch wenn der Staat für noch so viele und so gut ausgebildete Kräfte für Bildung und Erziehung in noch so gut ausgestatteten Kitas und Schulen sorgt – die wichtigsten Menschen im Leben eines Kindes sind seine Eltern. Ihr Erziehungsauftrag steht an erster Stelle, sie sind die bedeutendste Instanz, wenn es um Vermittlung von Werten und sozialem Verhalten geht.

Gute Eltern zu sein, kann der Staat nicht gesetzlich regeln. Aber denkbar ist schon, dass sowohl Beratung als auch Fortbildung junger Paare gleich zu Beginn einer Schwangerschaft verbessert werden können. Nicht immer kann alles auf den Staat und seine Beschäftig-

ten übertragen werden, für die Vermittlung der einfachsten Umgangsformen und Werte – Höflichkeit, Rücksichtnahme, Respekt und Anstand – stehen immer noch die Eltern in der Pflicht. Dem Staat und
seinen Mitarbeitern bleibt immer noch genug zu tun.

Kita und Schule müssen gemeinsam als eine Einheit gedacht werden und Bestandteil einer Gesamtstrategie für Bildung und Erziehung
unserer Kinder werden. Dazu zählt auch ein gemeinsamer Ansatz für
Aus- und Fortbildung des Personals, für die Attraktivität der Berufs-
bilder, einschließlich einer angemessenen Vergütung, und zwar schon
in den Kitas.

Unsere Bildungseinrichtungen brauchen professionelles Verwal-
tungsmanagement sowie äußere Bedingungen, die den Herausforderungen moderner Bildung in einer digitalisierten Welt gerecht werden.
Höchste Zeit wird es auch, die Kräfte zu stärken, die in den Kommunen dazu da sind, notwendige Sanierungs- und Baumaßnahmen
auf den Weg zu bringen. In einem Brandbrief, den eine Elterninitia-
tive aus Borkheide und Borkwalde in Brandenburg Ende März 2018
an die Bundeskanzlerin schrieb, berichten die Eltern über jahrelange
Diskussionen über die akute Raumnot im Kindergarten und in der
Schule und über Baumaßnahmen, die aufgrund steigender Anmelde-
zahlen erforderlich wurden. »Der Rechtsanspruch auf einen Betreu-
ungsplatz wird zum Luftschloss«, beklagten die engagierten Brand-
briefschreiber zu Recht.

Und wie so oft scheitert es nicht einmal unbedingt am Geld, das ist
nämlich längst im Haushalt bereitgestellt. Diesmal sind es die Bauge-
nehmigungen, die auf sich warten lassen. Exakt diese quälenden bü-
rokratischen Dinge sind es, die so viele Menschen in und an diesem
Staat verzweifeln lassen.

Es gibt gute Vorbilder aus anderen Staaten, die uns zeigen, wie
man den Nachwuchs besser auf das Leben vorbereitet. Sicher ist nicht
alles eins zu eins auf unser Land übertragbar. Aber wenn es eine »nationale Kraftanstrengung« gibt, die sich lohnt, ist es die Investition in

die nächsten Jahrzehnte, in denen junge Menschen die unglaublichen Entwicklungen, die Globalisierung und digitale Revolution mit sich bringen, zu meistern lernen müssen.

Natürlich kann man es sich einfach machen und weiter in ideologischen Schubladen und Legislaturperioden denken. Aber wirklich verantwortungsbewusst ist nur eine Bildungsstrategie, die weit in die nächsten Jahrzehnte reicht und unsere Kinder fit für die Zeit nach uns macht.

Wir sind es ihnen schuldig.

Digitalisierung 4.0: Hat Deutschland den Anschluss an die Zukunft verspielt?

Der Begriff Digitalisierung ist in aller Munde, ständig wird über die digitale Revolution berichtet. Aber was ist denn Digitalisierung eigentlich? Sie erfasst alle Gesellschaftsbereiche von Wirtschaft über Politik und Bildung bis zur staatlichen Verwaltung und privaten Kommunikation.

Warum ist es so wichtig, dass sowohl kleine, mittelständische und große Unternehmen als auch Selbstständige und auch Privatpersonen den Anschluss nicht verpassen? Eigentlich betrifft diese Entwicklung alle Lebensbereiche. Auch unsere Freundschaften laufen mittlerweile digital ab über WhatsApp, Facebook, Twitter, YouTube usw., ebenso wie unsere Einkäufe, egal ob Lebensmittel, Technik oder Kleidung. Die technologischen Entwicklungen sind rasant und verändern die Art, wie wir uns informieren, wie wir kommunizieren, wie wir konsumieren – kurz: wie wir leben. Diesen Wandel sollten wir als Chance für mehr Wohlstand und mehr Lebensqualität wahrnehmen. Aber wie sieht die Realität aus? Sogar die Bundeskanzlerin äußerte den Verdacht, dass Deutschland den Anschluss an die Digitalisierung verpassen könnte.

Durch die Vernetzung von Menschen und Geräten untereinander über das Internet entstehen neue Geschäftsmodelle, es verändern sich alte, andere verschwinden ganz.

Der Scorewert geht um

Mein Kühlschrank hat mich geärgert und meine Armbanduhr auch. Die beiden haben mich bei der Krankenkasse verpfiffen. Mein Kühlschrank, weil ich doch tatsächlich ein paar Reste vom Dönermann meines Vertrauens mitgebracht und gekühlt aufbewahrt habe. Er (also der Kühlschrank) hat halt keinen Code zum Scannen gefunden und gleich »gedacht«, dass ich etwas aufbewahre, das ich besser nicht essen sollte. Und hat es prompt an die Krankenkasse gemeldet. Und meine Armbanduhr hat ihr mitgeteilt, dass ich nun schon eine Woche lang zu wenig Schritte gemacht, zu lange geschlafen und überhaupt keinen Sport getrieben habe. Pech gehabt, im Zeitalter der Digitalisierung entgeht der Krankenkasse nichts. Die hat mir auch gleich angedroht, bald die Beiträge zu erhöhen, wenn ich mich nicht gesund ernähre und bewege. Und natürlich hatte sie auch schon gemerkt, dass meine Anzuggröße sich verändert hat. Die Kreditkartenrechnung hatte mich verraten.

Ich muss mir was einfallen lassen. Vielleicht meine Smartwatch mal an meinen Kumpel verleihen. Aber das glaubt mir doch keiner, dass ich eine Woche wie verrückt Sport treibe. Biertrinken habe ich ja schon längst eingestellt, da schießen die Beiträge ja sofort in die Höhe.

Vielleicht kann ich etwas dadurch ausgleichen, dass ich vorsichtiger fahre und meinen Telematiktarif bei der Autoversicherung absenke. Oder ich lasse den Wagen gleich stehen und gehe zu Fuß, dann werden die Werte von alleine besser.

Seit ich mich an die Verkehrsvorschriften halte, habe ich von der Autoversicherung schon zweimal eine Beitragsrückerstattung bekommen. Lohnt sich also, anständig zu fahren. Man ist zwar ständig überwacht, lebt aber billiger. Das Leben ist schon verrückt geworden.

So ähnlich könnte unser Leben bald aussehen. Manchen macht diese Vorstellung Angst, manche sind eher unbekümmert, denn es sind schließlich hehre Ziele, denen die Auslieferung unserer Lebensdaten dient: Gesundheit, Sicherheit, Wohlstand – positiv belegte Begriffe, die viele Menschen heute schon dazu bringen, freiwillig alle Informationen darüber preiszugeben, wo sie ihre Waren einkaufen, ins Theater gehen, wohin sie in Urlaub fahren oder welche Restaurants sie bevorzugen.

Noch können wir relativ frei darüber entscheiden, ob wir diesen digitalen Zirkus mitmachen. Aber diese Freiwilligkeit ist schon jetzt eingeschränkt. Etliche Dinge werden wir schon heute nicht mehr können, ohne dass wir uns offenbaren. Wer ein Zimmer oder ein Auto mietet oder ein Flugticket kauft, kommt um die Angabe einer Kreditkarte nicht herum.

Und wer weiß schon, wie lange Versicherungen sich die Möglichkeiten passgerechter Tarife für bestimmte Risikogruppen noch entgehen lassen? Mit der Freiwilligkeit ist es dann rasch dahin. Wer nicht mitmacht, bekommt eben keine Versicherung mehr.

Den Onlinearzt und die Onlineapotheke gibt es längst, bis zur vollautomatisierten Diagnose wird es nicht mehr weit sein, einschließlich der digital bestimmten Medizin, der Anmeldung zur Sportgruppe und Anordnung strenger Diäten.

Mit fast unglaublicher Hingabe folgen wir jedem neuen Trend, der Computer in der Armbanduhr, in der Brille, das vernetzte Auto und die digitalisierte Wohnung, alles muss her. In manchen Fantasien weiß der Kühlschrank, was gekauft werden muss, und irgendwann weiß auch die Toilette, wann neues Toilettenpapier bestellt werden muss, und vor allem, welches. Praktischerweise wird das dann auch selbstständig erledigt, online versteht sich, da geht niemand mehr zum Einkaufen. Ist auch nicht mehr machbar, schließlich muss fast rund um die Uhr gearbeitet werden, um diesen ganzen Rummel zu finanzieren.

Wie lange wird es noch dauern, bis ein Arbeitgeber oder Vermieter wissen will, wie es um die Gesundheit derjenigen bestellt ist, die einen Job haben oder eine Wohnung mieten wollen? Und wann können sie diese Informationen einfach einholen, bevor überhaupt ein Gespräch zustande kommt?

Informationen werden schon jetzt in riesigen Datenbanken gespeichert – meistens übrigens freiwillig zur Verfügung gestellt. Ist doch toll, wenn man Rabatte von der Krankenkasse bekommt, und was macht das schon, wenn dafür sämtliche sportlichen Aktivitäten preisgegeben werden müssen. Schließlich profitiert man davon mit niedrigeren Beiträgen.

Auch andere Unternehmen locken mit Preisnachlässen und kaufen so die Informationen über unser Leben. Dazu zählen natürlich auch unser Einkaufsverhalten in den unzähligen Online-Verkaufsportalen, unsere besonderen Wünsche bei der Auswahl von Videofilmen oder Büchern, unsere Essgewohnheiten oder unsere bevorzugten Urlaubswünsche.

An die Schufa haben wir uns seit Jahrzehnten gewöhnt, ohne deren Nachweis kann man kaum noch eine Wohnung mieten. Stören tut es uns nur, wenn die Werte schlecht sind. Sind sie solide, strahlt der Bankberater, der den Immobilienkredit bereitstellen soll, oder der Vermieter, der regelmäßige Mieteinnahmen erwartet.

Zur Digitalisierung gehört nahezu zwangsläufig auch die Vernetzung all dieser Datenberge. Wer auch immer dies beherrscht, welches Unternehmen, welche Einzelpersonen oder der Staat, übt eine ungeheure Macht aus, häufig weder zeitlich begrenzt noch demokratisch legitimiert.

Wie verändert sich unser Leben, wenn der Gesetzgeber nicht eingreift (oder gar nicht mehr eingreifen kann angesichts globaler Vernetzung von Datenströmen, die sich nationaler Gesetzgebung weitgehend entzieht) und Gesellschaften die totale Auswertung aller Informationen zu einer einzigen Bewertung zusammenfassen?

Je nachdem, wie öffentlich eine solche Bewertung ist, kann dies zu unbegrenzter Transparenz sozialer Bewertung der Menschen führen. Das kann durchaus Vorteile haben. Die Frage nach Bekanntschaften oder Freundschaften, die Partnerwahl, die Geschäftsbeziehungen oder die Vorhersagen über Zuverlässigkeit, Charakter oder Gesundheit meiner unmittelbaren Mitmenschen sind zielgenau, böse Überraschungen werden vermeidbar.

Warum also nicht, werden viele sagen und sich schon für geringste Rabatte oder vermeintliche Erleichterungen im täglichen Leben gerne offenbaren. Das tun sie schon heute mehr, als sie müssen, etwa in den sozialen Netzwerken, die viel mehr von uns wissen, als wir vielleicht wissen wollen.

Werden auch diese Informationen zusammengeführt – und das geschieht bereits –, werden aus eher belanglosen Daten knallharte Auswahlkriterien für jegliche Lebenssituation, im Job, beim Hauskauf, bei der Wohnortwahl, in der Schul- und Berufsausbildung. Dann spielt nicht nur die Bonität und Zuverlässigkeit eines Kreditanwärters eine Rolle, sondern beispielsweise auch die Frage, wer zu seinen Freundinnen und Freunden bei Facebook zählt, welche politischen Präferenzen, persönlichen Vorlieben oder andere Neigungen er besitzt und pflegt. Was und wo er isst, liest, welche Musik er hört oder zu welcher Tageszeit er ausruht, wie lange er schläft oder Sport treibt und vieles andere mehr.

Spätestens dann kommt Unbehagen auf, aber es ist längst zu spät. Das installierte »Social Profiling« wird zum bestimmenden Faktor im normalen Leben, der errechnete Wert zum Gradmesser für die gesellschaftliche und soziale Stellung.

Wenn unser Leben sich dann wesentlich um die Verbesserung des Score dreht, haben wir viel gewonnen, wir wissen alles über uns und unsere Mitmenschen, wir kennen die Spielregeln der Digitalisierung und richten uns danach, wir vermeiden Enttäuschungen und Fehler. Wenn wir uns anstrengen und gute Zahlen produzieren, haben wir es leichter bei der Partnersuche, der Auswahl des Urlaubsorts, beim Wohnen und Einkaufen, bei der Berufswahl und Schulbildung.

Aber wir haben vor allem viel verloren, nämlich einen wesentlichen Teil unserer Freiheit, unser Grundrecht auf informationelle Selbstbestimmung, das das Verfassungsgericht als absolut gleichwertig neben alle anderen Grundrechte unserer Verfassung gestellt hat.

Fatal ist vor allem: Wir haben sie freiwillig hergegeben um der Bequemlichkeit, des Geizes oder einfach der Nachlässigkeit willen. Zumindest zu Beginn der Phase des ungehemmten Datensammelns.

Vor diesem digitalen Albtraum wird uns hoffentlich eine verantwortungsvolle Politik bewahren. Verlassen würde ich mich darauf aber nicht, auch wenn das jetzt wieder vollmundig versprochen wird. Wie will nationale Gesetzgebung eigentlich beschränken, was Menschen freiwillig hergeben? Im Moment sind viele Unternehmen eher damit beschäftigt, die technischen Voraussetzungen dafür zu schaffen, dass das alles genau so stattfinden kann.

Digitale Agenda

Würden Regierungen und Parlamente so schnell handeln, wie sie reden, wären wir schon viel weiter. Manchmal kann man froh sein, dass es so langsam geht. Alle reden seit Jahren von der flächendeckenden Versorgung mit Glasfasernetzen, um raschen Datenfluss in möglichst uneingeschränkter Größenordnung zu gewährleisten.

Wie so oft hat Deutschland die Entwicklung verschlafen. Und auch jetzt setzt man sich lange Zeitleisten, 2025 sagen die einen, 2035 die anderen. Die Wahrheit dürfte weit darüber hinaus liegen, jedenfalls jenseits der Legislaturperioden der jetzt aktiven Politikerinnen und Politiker – womit deren Probleme schon mal gelöst wären. Aber es ist nicht erkennbar, wohin die Reise geht und wer Schranken und Grenzen setzt. Keine supranationalen Vereinbarungen darüber, wie diejenigen Unternehmen demokratischen und rechtsstaatlichen Spielregeln unterworfen werden können, die für eine solche Machtfülle des Besitzes unserer Lebensinformationen eigentlich unerlässlich sind.

Es wäre eine Kernaufgabe Europas gewesen, erreichbare Ziele zu formulieren und in die Tat umzusetzen, auf internationaler Ebene mit einer starken Stimme zu sprechen und sich den Macht- und Kommerzinteressen der Konzerne entgegenzustellen. Die Pausenzeiten für Einsatzkräfte der Polizei zu regeln, war wohl wichtiger.

»Mit großer Dynamik« will die Bundesregierung nun ein zentrales digitales Portal für die Bürgerschaft und die Unternehmen schaffen. Also nichts Neues. Macht sie schon seit Jahren. Genauso wie den flächendeckenden Ausbau mit Gigabitnetzen in Deutschland. Kennen wir auch seit Jahren.

Machen wir gleich 16 Mal, denn natürlich ist auch hier jedes Bundesland bestrebt, vor allem seinen eigenen digitalen Sandkasten zu bauen. Und wenn die »Pilotprojekte« dann installiert, gefeiert und in Betrieb genommen sind, ist die Legislaturperiode auch schon wieder zu Ende.

Dabei wäre es vor allem der Staat, der beispielgebend und vorbildlich ins digitale Zeitalter hätte starten müssen. Ist er aber nicht. Insofern haben sich Regierungen und Parlamente konsequent verhalten: Zur digitalen Ignoranz ist der Verfall öffentlicher Infrastruktur hinzugekommen. Milliarden wären nötig, um überhaupt öffentliche Gebäude zu ertüchtigen, moderne Dienstleistungen für die Menschen in unserem Land zu ermöglichen.

Bevor also die digitale Revolution beginnt, sollten ein paar ziemlich analoge Probleme gelöst sein. Erst einmal muss dafür gesorgt werden, dass in den Gebäuden, in denen sie stattfinden soll, die Toiletten funktionieren, die Heizungen und Stromleitungen in Betrieb sind, der Putz nicht von den Wänden fällt und der Regen nicht eindringt. Ob Schulen, Justizgebäude, Polizeiwachen oder andere öffentliche Einrichtungen, der Verfall ist häufig schon beim Betreten zu sehen. Düster, kaputt, verkommen, schmutzig. Dass viele dort Beschäftigte nicht darauf vertrauen, dass hier wirklich Neues und Modernes entstehen kann, ist mehr als verständlich.

Im Januar 2018 verkündete das Bundesinnenministerium, dass der öffentliche Dienst in einer sich wandelnden Welt Schritt halten müsse. Dazu zähle auch, digital erreichbar zu sein. Na, denn mal los! Dumm nur, dass in manchen Regionen des Landes nicht einmal der lebenswichtige polizeiliche Digitalfunk oder die Mobiltelefone funktionieren, weil es keine vernünftige Netzabdeckung gibt.

Aber im Jahr 2019 soll es dann endlich losgehen. Deutschlandweit sollen die Serviceportale der Verwaltungen in den kommenden Jahren miteinander verknüpft werden: »So wird aus analogen Einzeldörfern ein vernetztes Deutschland, das man durch eine gemeinsame virtuelle Tür betreten kann!«

Virtuell werden alle diese Pläne wohl auch noch eine ganze Weile bleiben, dafür sorgen Datenschützer, Haushaltspolitiker, Länderinteressen, kommunale Eitelkeiten und nicht zuletzt die Parlamente und Regierungen selbst, die gegenseitige Blockaden durch Überbetonung von Bundes- und Länderinteressen oder politische Klientelpolitik mit ziemlicher Zuverlässigkeit garantieren können. Schon bei der Diskussion um das Meldegesetz haben parteipolitische Interessen für die Verhinderung längst notwendiger Regelungen gesorgt. Ein bundesweites Zentralregister? Fehlanzeige. Vernetzung der Datensätze und ein einheitliches bundesweites Erfassungssystem? O nein! Automatisierte Plausibilitätsprüfungen im Anmeldeverfahren? Aber nicht doch.

Dass wir unsere Bankgeschäfte oder Kontakte mit der Krankenkasse per App erledigen, Zugtickets oder Flugreisen mit unserem Handy buchen oder unsere Arbeit von zu Hause aus erledigen, ist häufig Standard. Viele Menschen wissen gar nicht, wo die nächste Filiale ihrer Bank ist – und ob es überhaupt eine gibt.

Analoge Lebenswirklichkeit 2019

Aber der Staat hat's nicht drauf. Wer auch nur seinen Hund anmelden will, muss zur Behörde, und wer sein Auto zulässt, beim Straßenverkehrsamt auf die Wartebank, um anschließend ein Blechschild an sein Auto zu schrauben.

Besonders auffällig ist dies in ländlichen Regionen, in denen man vorsichtshalber die Behörden schon mal geschlossen hat, um sie fernab von Dörfern und Kleinstädten in zentralen »Bürgerämtern« zu zentralisieren. Dann wird der Behördengang zum Kurzurlaub, weil vor Erreichen des Staatsapparats die lange Fahrt durch die Servicewüste Deutschland ansteht.

Auch für diese Art von »Verwaltungsmodernisierungen« haben sich Politikerinnen und Politiker stets feiern lassen, bis die Menschen gemerkt haben, was es mit »Strukturreformen« auf sich hat. Jedenfalls werden in ostdeutschen Ländern die Regierungen durch heftige Proteste zu Recht unter Druck gesetzt oder gleich abgewählt.

Vielfach erschöpfte sich nämlich politisches Handeln darin, öffentliche Dienstleistungen abzubauen, Personal zu streichen, öffentliche Infrastruktur verkommen zu lassen, die gesetzlichen Verpflichtungen der Menschen aber unangetastet zu lassen.

Das wird vermutlich auch künftig nicht anders sein. Wann immer eine Bundesregierung eine »nationale Kraftanstrengung« verkündet, lehnen sich 16 Landesregierungen gähnend zurück, achten auf ihre Zuständigkeiten, pochen auf ihre Eigenstaatlichkeit und verheddern sich darin.

Ein moderner Staat hat eine Fülle von Aufgaben und Verpflichtungen gegenüber den Bürgerinnen und Bürgern, aber auch zur Sicherung des Wohlstands gegenüber der Wirtschaft. Dass die Bereitstellung digitaler Dienstleistungsmöglichkeiten ein wichtiger Faktor für Unternehmensentscheidungen, beispielsweise für Neuansiedlungen, ist, stellt sich als eine Binsenweisheit dar.

Und niemand hat jemals begründen können, warum exakt dieselben Verwaltungsvorgänge überall unterschiedlich gestaltet und abgewickelt werden müssen. Natürlich wäre es sinnvoll, eine zentrale Agentur zu schaffen, die den unterschiedlichen Verwaltungsebenen standardisierte Verfahren und auch technische Lösungen anbietet. Realisieren ließe sich so etwas vermutlich nur, wenn es gleich 16 solcher Zentralen gäbe, in jedem Bundesland eine.

Gemeinwohl Digitalisierung

»Die schlechte Qualität des Handynetzes ist eine der größten Blamagen des Technologiestandortes Deutschland«, empörte sich Bundeswirtschaftsminister Peter Altmaier im Herbst vergangenen Jahres. Er hatte Funklöcher im Netz entdeckt, als er im Auto über Land gefahren wurde. Und weil es ihm so peinlich sei, dass ständig die Verbindung abbricht, wenn er mit ausländischen Ministerkollegen telefonieren will, habe er sein Büro angewiesen, entsprechende Anrufe nicht mehr ins Auto durchzustellen.

Nun schwebt das Kanzleramt ziemlich zuverlässig über der deutschen Lebenswirklichkeit, ist aber trotzdem über Festnetze direkt mit der ganzen Welt verbunden, ohne Gesprächsabbrüche befürchten zu müssen. Deshalb war die Ausfahrt unters Volk für den Minister natürlich ein Realitätsschock.

Der Schreck muss ihm in die Glieder gefahren sein, als er einen kleinen Ausschnitt des modernen Deutschland in der Lebenswirklichkeit kennenlernen durfte. Die Verwendung des Superlativs »größte Blamage des Industriestandortes Deutschland« spricht jedenfalls dafür, obwohl andere Projekte – zum Beispiel Flughäfen und Bahnhöfe – ebenfalls um diese Bezeichnung konkurrieren könnten.

Und es war ja auch überraschend für die Regierung, dass die Menschen überhaupt überall telefonieren wollen. Auf ihrer Internetseite veröffentlichte sie hierzu ein bemerkenswertes Interview der Bundeskanzlerin: »Wir hatten in Aussicht gestellt, die Haushalte bis Ende 2018 mit Anschlüssen von 50 Megabit auszustatten. (…) In der Zwischenzeit aber hat sich bei den Menschen – zu Recht – eine ganz andere Erwartung ergeben. Nicht die Abdeckung der Haushalte ist entscheidend, sondern überall telefonieren zu können, im Zug, auf der Fernstraße, auf der Heide, und idealerweise auf jeder Wiese in der Natur Filme streamen zu können. Das flächendeckend zu erreichen, ist nicht einfach.«

Natürlich ist das nicht einfach, deshalb unterhält die Bevölkerung ein vergleichsweise riesiges Parlament und eine gut ausgestattete Regierung, die die Aufgabe hat, genau diese Bedürfnisse der Menschen zu erkennen und darauf entsprechend zu reagieren.

Und wie immer gibt es Erklärungen dafür, warum etwas nicht geht, die gibt es in Deutschland immer. Dabei kann man es nicht oft genug sagen: Warum es nicht funktioniert, interessiert die Menschen nicht, sie wollen, dass es funktioniert, im »Technologiestandort Deutschland«! Schon lange ärgern sich Millionen Menschen, die nicht den ganzen Tag im Büro sitzen, sondern mobil arbeiten, darüber, dass es dem »Technologiestandort Deutschland« nicht gelingt, ein zuverlässiges Netz zum Telefonieren aufzubauen. Von Datentransfers will ja schon gar niemand sprechen.

Neidisch sind wir in anderen Ländern unterwegs, auf die Deutschland früher herabgeschaut hat und in denen man jetzt sogar aus der U-Bahn heraus ohne Funklöcher kommunizieren kann.

Das Volk wird in diesen Zeiten immer wieder aufgefordert, Zuversicht und Optimismus zu verbreiten, statt über Fehler der Vergangenheit zu sprechen. Na denn! Der Zustand des deutschen Handynetzes ist doch nun wirklich Anlass, auf die Digitalisierungsstrategie dieser Regierung mit Spannung und Optimismus zu blicken.

Eine der wesentlichen Voraussetzungen dafür ist die Schaffung eines zuverlässigen Funknetzes, das nicht nur für die bisherigen Nutzungsmöglichkeiten, also Telefonieren, Chatten und Websurfen, reicht, sondern vor allem schnell und sicher große Datenmengen übertragen kann. Dieses 5G-Netz zu bauen, scheint also die nächste Jahrhundertaufgabe zu werden.

Die Versteigerung der hierfür notwendigen Lizenzen soll dem Staat viel Geld einbringen, das war schon bei anderen Mobilfunkfrequenzen der Vergangenheit so. Das Geld, das der Staat einstreicht, fehlt den Anbietern für die notwendigen Investitionen. Und wird natürlich im Ergebnis von denjenigen zu bezahlen sein, die die Netze nutzen, wenn sie denn irgendwann einmal da sind. Mit anderen Worten: Wir dürfen uns auch weiterhin auf teure und lückenhafte Versorgung einstellen.

Aber darauf werden wir ja auch schon vorbereitet. Die Bundesbildungsministerin meldete sich mit der Auffassung zu Wort, dass nicht »jede Milchkanne« mit dem neuen 5G-Mobilfunknetz verbunden sein müsse. Nun spricht Politik ja gern in Bildern, gemeint ist natürlich keine Unterversorgung in milchverarbeitenden Betrieben, sondern in ländlichen Regionen. Wo jetzt also schon Funkstille herrscht, gibt es demnächst also hochmoderne, digitale und blitzschnelle Funkstille.

Und auch Kanzleramtschef Helge Braun findet, dass das okay ist. Und außerdem rede man ohnehin nicht von 5G, dem neuen Supernetz, sondern von 4G, so wie man es kennt. Damit könne man schließlich auch schon telefonieren und klassische Smartphone-Anwendungen nutzen, und das reiche schließlich.

So ist das also im modernen Deutschland, das Kanzleramt bestimmt, was die Bürgerinnen und Bürger mit ihren Smartphones machen können. Und wer auf dem Land wohnt, hat eben Pech gehabt.

In späteren Jahren wird dann der jetzige Kanzleramtschef vielleicht auch über Land gefahren werden und sich kräftig schämen dafür, was aus dem »Technologiestandort Deutschland« geworden ist. Aber telefonieren kann er dann auch schon auf dem Land – vielleicht.

Alles andere kann ohnehin warten, vernetzte Regionen, autonomes Fahren, digitale Medizin und moderne öffentliche Verwaltung werden wohl über einige Leuchttürme nicht hinauskommen. Die werden dann als Startschuss öffentlich mit großem Trara eingeweiht werden – und dann liegen bleiben.

Bis 2024 sollen sämtliche öffentlichen Verwaltungsdienstleistungen auch digital angeboten werden können, so die Zielsetzung aus dem Kanzleramt zur Digitalisierung der öffentlichen Verwaltung. Das ist genauso sportlich wie unrealistisch. Denn auch hier ist eine flächendeckende Versorgung mit möglichst leistungsfähigen Netzen notwendig. Sonst haben die Bürgerinnen und Bürger nur die Auswahl, entweder zu Hause auf die Sanduhr zu starren oder sich auf den Weg ins nächste Rathaus zu machen.

Keine neue Erkenntnis ist, dass die Versorgung mit Mobilfunk etwas mit den Funkmasten zu tun hat, die die jeweiligen Anbieter aufgestellt haben oder eben auch nicht. Ist eigentlich logisch, dass man dort nicht investiert, wo es kein Geld zu verdienen gibt. Immerhin sind Wirtschaftsunternehmen nicht dem Gemeinwohl verpflichtet, sondern ihren Aktionären. Diesen Unterschied bekommen ja auch Nutzer anderer öffentlicher Dienstleistungen immer wieder hart zu spüren.

Die Idee, dass mehrere Mobilfunkanbieter auch diejenigen Funkmasten nutzen können, die von einem Konkurrenten aufgestellt wurden (National Roaming), findet wohl keine Mehrheit. Es ist verständlich, dass sich diejenigen dagegen wehren, die das Geld für die Investition aufgebracht haben und jetzt verpflichtet werden sollen, anderen Anbietern den Zugang zu gestatten. Und der Gedanke ist auch nicht falsch, dass damit Investitionen künftig unterbleiben würden, denn dann würde man nur auf den ersten Anbieter warten, der investiert, um sich dann »dranzuhängen«, das kann kaum gutgehen.

Bleibt der Staat, der in der grundgesetzlichen Pflicht ist, überall in Deutschland gleichwertige Lebensverhältnisse zu ermöglichen. Und der eigentlich auch ein Interesse daran haben müsste, ländliche Regionen mit schnellen und zuverlässigen Netzen zu versorgen. Schließlich ächzen unsere Städte unter Millionen Pendlern, die jeden Morgen zu ihren Arbeitsplätzen streben, weil bei Ihnen zu Hause keine Heimarbeitsplätze eingerichtet werden können. Und ländliche Regionen könnten die Ansiedlung moderner Betriebe durchaus als Strukturbereicherung empfinden, wenn sie an das schnelle Netz angeschlossen wären.

Deshalb ist es richtig, wenn der Staat sicherstellt, dass auch in ländlichen Regionen, in Kleinstädten und auf den Dörfern, also flächendeckend in Deutschland, eine Versorgung mit dem modernsten Funknetz gewährleistet ist. Einen schlechteren Standard als in Südkorea, Estland oder Singapur kann Deutschland sich nicht leisten. Aber von den notwendigen politischen Entscheidungen sind wir noch weit entfernt, wir sind noch im Stadium der »Milchkannendiskussion«.

»Deutschland hat sehr gute Erfahrungen mit der Frequenzversteigerung gemacht. Außerdem können wir so die Rahmenbedingungen setzen, also definieren, was wir von denjenigen erwarten, die die Frequenzen dann wirtschaftlich nutzen«, sagte Bundeskanzlerin Angela Merkel dem Nachrichtenportal t-online.de am 14. November 2018. Nicht bekannt ist, ob ihr Wirtschaftsminister das genauso sieht. Aber der ist ja unterwegs und nicht zu erreichen im Funkloch.

Da kommt die »Digitalisierungsstrategie der Bundesregierung« fast ein wenig unwirklich daher, so als würde sie gar nicht in Deutschland geführt, sondern in einem Land, in dem immerhin flächendeckend mobil telefoniert werden kann.

So tagte das »Digitalkabinett« Mitte vergangenen Jahres und kündigte eine solche Strategie für den Herbst an. Die Staatsministerin für Digitalisierung Dorothee Bär (CSU) teilte dies auch gleich ihren knapp 80 000 Followern bei Twitter mit. Die wussten also schon mal Bescheid.

Im August letzten Jahres dann die Einsetzung des »Digitalrates«, eines Expertengremiums, auf das sich die Große Koalition in ihrem Koalitionsvertrag geeinigt hatte. Der digitale Wandel biete enorme

Chancen für die Menschen in Deutschland, eine weise Erkenntnis, die die Bundesregierung da verlauten ließ und die in anderen Ländern auf der Welt längst im richtigen Leben zu beobachten ist.

Der Kanzleramtsminister Helge Braun koordiniert die Aktivitäten der Staatsministerin in Sachen Digitalisierung, eine weitere Stabsstelle im Kanzleramt mit dem Namen »Politische Planung, Innovation und Digitalisierung« befasst sich auch mit Digitalisierung. Kein Wunder, dass die Opposition skeptisch ist und Konstantin von Notz (Bündnis 90/Die Grünen) zu Recht feststellte, dass es eigentlich kein Erkenntnis-, sondern eher ein echtes Handlungsdefizit gebe.

Und dass die Bundesländer und ihre Kommunen, sogar einzelne Behörden und Einrichtungen ebenfalls ihre eigene Digitalagenda aufgestellt hatten und vor sich hin werkelten, um wenigstens für ihren Zuständigkeitsbereich Licht am Ende des analogen Tunnels zu sehen, hätte die Situation nicht leichter gemacht, im Gegenteil.

Die Länder befürchteten, dass die vom Bundestag Ende November beschlossene Grundgesetzänderung dem Bund einen zu starken Einfluss auf die Bildungspolitik ermögliche. Nun aber hat man nach langem Ringen vor allem auch seitens des grünen Ministerpräsidenten von Baden-Württemberg einen Kompromiss gefunden, wie der Bund die Verwendung seiner Milliardenhilfen durch die Länder künftig kontrollieren darf. Der Weg für den Digitalpakt ist also frei. Der Vermittlungsausschuss von Bundesrat und Bundestag hat sich am 20. Februar 2019 auf Formulierungen für eine Grundgesetzänderung geeinigt, die Milliardenhilfen des Bundes für die Länder ermöglicht. Alle Mitglieder des Ausschusses mit Ausnahme der Vertreter der AfD, die Bildung als reine Ländersache betrachten, stimmten dafür.

Innere Sicherheit und Freiheit

Im Bereich der Inneren Sicherheit zeichnen sich langsam Verbesserungen ab. Die katastrophalen Folgen mangelhafter Steuerung von

Informationen über herumreisende Gefährder scheinen vielerorts ein Umdenken bewirkt zu haben.

Die Vorschläge des Präsidenten des Bundeskriminalamts zum Aufbau zentraler Informationssteuerung müssten lieber heute als morgen umgesetzt werden. Ob das gelingt, steht freilich in den Sternen. Jedenfalls ist vorgezeichnet, dass im digitalen Zeitalter polizeiliche Informationssteuerung kein Zauberwerk ist und dann realisiert werden kann, wenn die Länder mitmachen.

Dies gilt auch für andere Zusammenhänge. Verbrechensbekämpfung durch sinnvolle Vernetzung von Informationen ist machbar und auch notwendig. Ein gutes Beispiel hierfür ist die Auswertetechnik, ohne die erfolgreiche Ermittlungsarbeit kaum vorstellbar ist.

Der sichergestellte Aktenordner von früher ist heute eine riesige Datensammlung, die irgendwo auf der Welt gespeichert ist. Filmmaterial von Großereignissen, etwa der Krawalle beim G20-Gipfel in Hamburg, ist kaum noch auszuwerten, ohne modernste Forensik in Anspruch zu nehmen. Auch und gerade im Bereich der Kinderpornografie müssen unfassbar große Datenmengen gesichtet werden, auch dafür sind modernste Anwendungen nötig.

Dem Schutz der Bevölkerung dient auch der Einsatz modernster digitaler Videotechnik, wie sie beispielsweise in unserer Hauptstadt angestrebt wird, zumindest von denjenigen, die dafür Zigtausende Unterschriften in der Bevölkerung gesammelt haben. Das »Bürgerbündnis für Videoaufklärung und Datenschutz« will das von der Bevölkerung gewünschte Mehr an Sicherheit durch den Einsatz moderner Videotechnik auf den Weg bringen.

Hier geht es nicht um die Sammlung möglichst vieler Daten, wie von den Gegnern gern suggeriert wird. Modernste Technik soll hier mittels intelligenter Videoanalyse selbst erkennen, wann und wo gefährliche oder verdächtige Situationen entstehen und wie Einsatzkräfte möglichst frühzeitig alarmiert und zum Ort des Geschehens gebracht werden können.

Natürlich ist die Technik längst so weit, mithilfe modernster Digitaltechnik, vernetzter Datenbanken und blitzschneller Datenübertragung beispielsweise Gesichtserkennungssoftware dazu zu nutzen, Schwerverbrecher, Terroristen und andere gefährliche Individuen aus einer Menschenmenge heraus zu identifizieren und festzusetzen. In China sind Brillen im Einsatz, die den Sicherheitskräften die notwendigen Informationen direkt vor die Linse spiegeln.

In Deutschland lassen wir es langsamer angehen. In der Hauptstadt wehrt sich der Senat gegen moderne Videotechnik an kriminalitätsbelasteten Orten, zieht stattdessen zu besonderen Einsatzanlässen einen »Bollerwagen mit Videokameras« (Exbürgermeister Heinz Buschkowsky) durch die Stadt.

Ausgerechnet in Berlin spielt die Regierung auf Zeit. Während auf dem Alexanderplatz die Videokameras nicht etwa das Geschehen rund um die Polizeiwache beobachten, sondern die Polizeiwache selbst, tummeln sich Taschendiebe und andere Ganoven unbeobachtet in der Menge.

Am Berliner Bahnhof Südkreuz erprobt die Bundespolizei eine Technik, die anderswo längst funktioniert. Und an Gesetze, die den Einsatz dieser Technik erlauben, ist noch gar nicht zu denken.

Da werden erst die Bedenken ganzer Kompanien von Rechtsbedenkenträgern beiseitegeräumt werden müssen, Datenschützer werden zur Höchstform auflaufen, und diejenigen Parteien, die für sich reklamieren, ganz besonders auf die Menschenrechte zu achten, werden sich gemeinsam mit einer ganzen Industrie von Sicherheitsverhinderungsaktivisten ins Getümmel stürzen.

Das funktioniert an anderer Stelle auch seit Jahren. Mehr als 8000 Ermittlungsverfahren wegen Kinderpornografie mussten zur Seite gelegt werden, weil mangels Vorratsdatenspeicherung die Informationen nicht mehr bei den Providern aufbewahrt wurden. Die Taten bleiben ungesühnt, die Täter kommen davon, die Opferzahlen wachsen. Das interessiert die auf Freiheit pochenden Bürgerinnen und Bürger nicht im Geringsten. Schließlich geht es um unsere Rechte, da sind uns die Opfer egal.

»Wenn es um Freiheitsrechte geht, muss man auch mal Opfer in Kauf nehmen«, schleudert mir ein wohnstandsverwahrloster Student während einer Podiumsdiskussion in einer Universität ins Gesicht. Klar, seine Freiheitsrechte gehen vor. So lässt sich leicht reden, wenn man noch nie ein Opfer gesehen hat. Wenn man noch nie in die Augen zerstörter Seelen geschaut, die Körper zerschundener Menschen gestützt und in die fragenden Gesichter von Angehörigen geblickt hat.

Sicherheit und Freiheit werden gern als Gegensätze aufgebaut. Und natürlich entscheidet man sich gern für die Freiheit, vor allem dann, wenn man selbst nicht in Gefahr ist. In Wahrheit wird diese Freiheit schnell dahin sein, wenn die persönliche körperliche Unversehrtheit in Mitleidenschaft gezogen ist. Wie frei sind die Menschen, die in der U-Bahn angepöbelt, ausgeraubt oder zusammengeprügelt werden? Überhaupt nicht.

Das ist auch der Grund, warum so viele Bürgerinnen und Bürger für moderne Videotechnik im öffentlichen Raum plädieren, damit potenzielle Täter abgeschreckt werden, die Polizei rasch eingreifen kann oder zumindest beweiskräftige Aufnahmen dafür sorgen, dass die Gewalttäter rasch identifiziert und bestraft werden können.

Digitalisierung ist die Umwandlung von Lebenswirklichkeit in Computerklicks. Da sind wir alle dabei, na klar. Kann man täglich sehen, wenn man S-Bahn fährt oder durch die Stadt geht, egal wo. In den Waggons der Nahverkehrsbetriebe sitzen die Menschen seit Jahren über ihre iPhones und Smartphones gebeugt und tickern, als würde ihr Leben davon abhängen. Die Profis unter ihnen lassen sich zusätzlich über riesige Kopfhörer das letzte bisschen Rest an Konzentration aus dem Kopf blasen. Später laufen sie wie ferngesteuerte Zombies über Gehwege, Fahrbahnen oder Straßenbahnschienen und landen gelegentlich unter dem einen oder anderen Gefährt.

Was mit unseren Daten angestellt wird, interessiert uns nicht. Moderne Datenkraken wissen mehr über uns als wir selbst, denn wir neigen dazu, manche Dinge zu verdrängen oder schlicht zu vergessen. Das kann Google oder Facebook nie passieren.

KAPITEL 4

DIE WELT RETTEN ODER ZU HAUSE FÜR ORDNUNG SORGEN?

Mit welchen Herausforderungen werden sich unsere Nachkommen herumschlagen? Vielleicht mit Langeweile, weil ihnen alle Handgriffe von Robotern abgenommen werden: Waschen, kochen, putzen, bügeln, einkaufen, Haus reparieren, Garten und Haustiere versorgen, Auto tanken, Reifen wechseln, Kinder und Angehörige betreuen, Behördengänge – vielleicht lachen sie darüber, mit welchen Dingen wir so viel Zeit vergeudet haben.

Oder wie aufwendig wir nach unseren Partnern gesucht, wie erfinderisch wir geflirtet und geworben haben. Wo doch der Scorewert aus persönlichen Daten einem das alles abnimmt und elektronisch die Märchenprinzessin oder den Märchenprinzen findet.

Vielleicht wird auch das Reisen langweilig, weil wir blitzschnell auf einen anderen Kontinent, möglicherweise sogar auf einen anderen Planeten befördert werden können, alles kostenlos sozusagen, ohne Anstrengung, grenzenlose Freiheit.

Es kann aber auch ganz anders werden.

Vielleicht kämpfen künftige Generationen um ihr Überleben. Es gibt kaum noch Zweifel darüber, dass sich das Weltklima in den nächsten Jahrzehnten infolge der Verbrennung fossiler Brennstoffe und anderer Aktivitäten des Menschen noch weiter erwärmen wird. In einem von Menschen zerstörten Klima werden sie im Kampf um die letzten Ressourcen jeden Tag das Überleben sichern müssen.

Sicherheit, Stabilität, Frieden, Freiheit, Demokratie – alles dahin.

Der National Intelligence Council (NIC) berät die amerikanischen Geheimdienste und die Regierung darüber, wie sich die Dinge auf der Welt entwickeln könnten, damit die Mächtigen ihr Handeln danach ausrichten. Als »Paradox des Fortschritts« werden Entwicklungen bezeichnet, die teilweise schon jetzt absehbar sind: Die wachsende Bevölkerung in den armen Ländern steht einer schrumpfenden, älter werdenden in den entwickelten Ländern gegenüber. Der technologische Fortschritt beschleunigt sich, die Risse in der Gesellschaft werden größer und setzen vor allem die westlichen Mittelschichten unter Druck.

Das Risiko von Konflikten wird nicht nur durch die klassischen Rivalitäten, sondern zunehmend durch religiöse und nationalistische Strömungen verstärkt. Klimawandel und Migrationsbewegungen führen zu unkalkulierbaren Konflikten, das Nachlassen der Bindungswirkung politischer Parteien erschwert das Regieren.

Weder das NIC noch wir wissen es genau, wie die Welt in 50 oder 100 Jahren aussehen wird, obwohl wir viele Dinge schon jetzt erahnen können. Aber das, was wir schon genau wissen, muss zu verantwortungsvollem Handeln genutzt werden, und zwar sofort.

Sehenden Auges abzuwarten, wie Deutschland abgehängt wird, oder diesen Prozess durch falsches Handeln sogar noch zu beschleunigen, ist verantwortungslos.

Wer nichts ändert, versündigt sich an der Zukunft.

Ohne Bildung ist kein Staat zu machen

Das Wichtigste zuerst. Der Schatz unseres Staates, das Wichtigste, was wir haben – Kinder, Enkelkinder, Nachkommen.

Keine Rückblicke, keine Erklärungsversuche mehr. Jetzt muss rasch gehandelt werden, denn die Zukunft steht auf dem Spiel. Kein Gipfel, keine Arbeitsgruppen, keine Eitelkeiten, es ist vielerorts längst »fünf nach zwölf«.

- Schulen in Deutschland, Kitas, Universitäten und andere Bildungseinrichtungen müssen sofort mit modernsten Möglichkeiten der
Bildungsvermittlung ausgestattet werden, einschließlich aller digitalen Ausstattungsmerkmale und des schnellsten Internets.

- Und für unsere Bundesbildungsministerin: Erzählen Sie nichts
von Milchkannen, wo es angeblich keinen 5G-Standard für
schnelles Internet braucht, machen Sie Ihren Job und erledigen
Sie das!

- Alle Bildungseinrichtungen müssen mit einem milliardenschwe-
ren Investitionsprogramm saniert und fit für die Zukunft gemacht werden. Der Bund sollte den Löwenanteil eines derartigen
Programms tragen – wie sich das jetzt im vereinbarten Digitalpakt abzuzeichnen scheint –, die Koordination aber weiterhin
bei den Ländern bleiben. Dazu zählen auch die notwendigen
Aufwendungen für die Sicherheit der Kinder, Studierenden und
des Lehrpersonals. Integraler Bestandteil eines Sicherheitskon-
zepts muss auch die Sicherung der Schulwege sein. Vielleicht
kommen dann auch einige Helikopter-Eltern zur Vernunft und
lassen den SUV in der Garage stehen.

- Frühkindliche Bildung muss endlich einen größeren Stellenwert
erhalten und mit der schulischen Bildung gleichgestellt werden.
Neben einer kräftigen Erhöhung des Lehrpersonals sollte die
Bezahlungsstruktur angepasst werden. Die Bezahlung der Erzieherinnen und Erzieher in den Kitas, wo engagierte Menschen
sich um Kinder in ihrer wichtigsten Entwicklungsphase kümmern, muss deutlich angehoben werden.

- In allen Bildungseinrichtungen unseres Landes muss eine ausreichende Zahl an Personal zur Verfügung stehen, das für Sozialarbeit und psychologische Betreuung verantwortlich ist.
Schwierigkeiten im sozialen Umfeld, Mobbing, Bullying, Gewalt und andere Verhaltensauffälligkeiten müssen frühzeitig
erkannt werden, und es muss rechtzeitig interveniert werden.

– Die Lehrkräfte müssen wieder mit der notwendigen Autorität ausgestattet werden, um ihre Arbeit gefahrlos und erfolgreich leisten zu können. Deshalb könnten Mediatoren dabei helfen, im Dialog mit übermotivierten Eltern und ihrem gelegentlich überreizten Nachwuchs Probleme gemeinsam zu lösen.

– Bildung und Erziehung müssen »Staatsziel Nummer eins« werden. Deshalb empfiehlt es sich, einen Nationalen Bildungsrat einzusetzen, in dem Fachleute und Betroffene die erforderlichen Weichenstellungen und Zukunftsplanungen erarbeiten und als Thinktank die politische Entscheidungsfindung erleichtern helfen. Die Mitglieder des Nationalen Bildungsrats sollen unabhängig und überparteilich arbeiten, den politisch Verantwortlichen und der Öffentlichkeit regelmäßig berichten und ihre Vorstellungen in einem alle zwei Jahre auf den neuesten Stand gebrachten Nationalen Bildungsbericht dokumentieren.

– Ein mindestens ebenso wichtiges Ziel wie die Schaffung optimaler äußerer Bedingungen für die Bildung unseres Nachwuchses ist die ideologiefreie und entpolitisierte Schule. Unsere Kinder haben einen Anspruch darauf, nach verlässlichen wissenschaftlichen Standards und nicht von Lehrkräften unterrichtet zu werden, die ihre persönliche politische Agenda verfolgen. Viele Lehrkräfte klagen darüber, dass der eigentliche Fachunterricht hinter den neuen Modefächern der möglichst früh vermittelten Sexualkunde und »Minderheitenreligionen« zurückstehen muss.

– Grundlegende Basics müssen bundesweit gelten. Dazu zählt die übereinstimmende Forderung, dass die Beherrschung der deutschen Sprache eine Grundvoraussetzung dafür ist, mit anderen Kindern gemeinsam in einer Klasse am Unterricht teilnehmen zu dürfen.

– Zur Befreiung der Schulpolitik von Ideologie gehört die Grundsatzentscheidung zum Erhalt eines gegliederten Schulsystems.

Wer die Einheitsschule fordert und gleichzeitig seine eigenen Kinder auf Privatschulen schickt, ist jedenfalls als politische Entscheidungskraft ungeeignet.

Die hauptsächliche Aufgabe funktionierender Bildungspolitik besteht darin, dass Kinder nicht mit Ideologien gefüttert werden und darüber nötige fachliche Bildungsinhalte zurückfallen. Schule muss wieder mehr als bisher in einem ganzheitlichen Ansatz als Vorbereitung auf die Berufswelt und das Leben verstanden werden. Dazu gehören nach den neuesten Erkenntnissen der Hirnforschung insbesondere die »musischen Fächer« Musik, Werken und Kunst sowie Sport, weil nur sie für die notwendige Verknüpfung beider Hirnhälften sorgen.

Sicher wird das Hunderte Milliarden Euro in den nächsten Jahren kosten. Ich kann mir jedoch keine bessere Investition in die Zukunft vorstellen. Die politisch Verantwortlichen in Bund und Ländern dürfen gerne die Konzentration auf das selbst gewählte Ziel von der Rettung der Welt auf die Zustände im eigenen Land lenken.

Es ist schon bemerkenswert, dass die »Rettung« von Banken und Staaten mit deutschem Steuergeld manchmal innerhalb weniger Tage möglich ist. Da werden Entscheidungen über Hunderte Milliarden Euro getroffen, und alle Parlamentarier sind hellwach. Aber wenn es um die Zukunft unserer Kinder geht, vergehen Jahre, bis eine Einigung erzielt wird.

Deutschland rennt die Zeit davon. Wenn wir uns keine ambitionierten Ziele setzen und zugleich dafür sorgen, dass diese auch erreicht werden, droht unser Land abgehängt zu werden. Deshalb ist es jetzt an der Zeit, diese Hürden von Eitelkeiten und Inseldenken zu überwinden. Die föderale Struktur unseres Landes ist dazu da, das Leben der Menschen zu verbessern. Wer sie als Begründung für Stillstand und Rückschritt nutzt, hat eindeutig den falschen Job.

Wer das nicht versteht, wird die Quittung des Wahlvolks hoffentlich möglichst rasch erhalten.

Ohne Sicherheit keine Freiheit

An Sicherheitspaketen und Anstrengungen hat es in der jüngsten Vergangenheit nicht gemangelt. Das waren gute Reaktionen auf übermächtig werdende Bedrohungen. Noch haben nicht alle Landesregierungen den Ernst der Lage erkannt, manche glauben scheinbar, mit leichten kosmetischen Korrekturen die Herausforderungen gemeistert zu haben. Das haben einige Länder und der Bund besser gemacht. Zusätzliches Personal füllt mittlerweile etliche Ausbildungsstätten. Geeignete Schutzausstattung, technische Ausrüstung, modernere Polizeigesetze mit neuen Befugnissen, mehr Möglichkeiten zur Eigensicherung und andere Dinge mehr sind auf den Weg gebracht worden.

Und zum Glück gibt es vielversprechende Anstrengungen, die katastrophale IT-Infrastruktur der Polizei in Deutschland zu verbessern. Das ist schwierig genug, aber ein dringend notwendiges Vorhaben, um ihre Wirksamkeit zu optimieren. In der Vergangenheit haben Informationsverluste immer wieder verheerende Folgen gehabt.

Genügen wird das allerdings nicht. Die Liste der Versäumnisse vergangener Jahrzehnte ist noch immer lang, und neue Gefahren müssen eingeschränkt werden. Der Terrorismus stellt dabei nur eine, wenn auch gewaltige Herausforderung dar. Auch und gerade die Formen der organisierten Kriminalität – sowohl in der realen als auch in der virtuellen Welt – werden zu deren Eindämmung neue Kräfte fordern.

Und wenn die Kriminalität im Zusammenhang mit Zuwanderung nicht endlich wirkungsvoll gelöst und der Kontrollverlust an unseren Grenzen beseitigt wird, werden die gesellschaftlichen Spannungen das »normale Kriminalitätsgeschehen« noch in den Schatten stellen. Deshalb werden im Folgenden nur einige der dringend notwendigen Schritte aufgezeichnet.

- Der von Horst Seehofer zu Beginn der Legislaturperiode der Großen Koalition vorgestellte »Masterplan Migration – Maßnahmen zur Ordnung, Steuerung und Begrenzung der Zuwanderung« muss Punkt für Punkt umgesetzt werden, soweit noch nicht geschehen. Dazu zählt auch die Wiedererlangung der Kontrolle an unseren Binnengrenzen, solange die Außengrenzen der EU nicht ausreichend geschützt sind.

– Die Befugnisse der Bundespolizei müssen auf den Prüfstand gestellt und erweitert werden, wo dies notwendig ist. Ihre Erfahrung und Kompetenz in Fragen der Asylpolitik müssen auch beim Thema illegaler Aufenthalt besser als bisher genutzt werden. Insbesondere bei gefährlichen Personen muss es leichter als bisher möglich sein, aufenthaltsbeschränkende Maßnahmen in Aufenthaltseinrichtungen anzuordnen und durchzusetzen.

– Kein Rabatt bei Gewalt und Kriminalität. Wer bei uns angeblich Schutz sucht und erhält, tatsächlich aber seinen Aufenthalt zur Begehung von Straftaten nutzt, muss konsequent hinter Gitter gebracht werden, und zwar bis zur Rückführung in sein Herkunftsland. Und wer Steine auf Polizeikräfte wirft oder sie mit Messern oder Fäusten angreift, darf erst wieder in Freiheit kommen, wenn er den Boden seines Heimatlandes betritt.

– Die Position des Bundesinnenministeriums, abzuschiebende Personen rechtzeitig in Abschiebehaft zu nehmen, damit die Verbringung außer Landes auch gelingen kann, ist richtig und nachvollziehbar. Sie ist auch nicht unmenschlich, wenn man bedenkt, dass der Abschiebung regelmäßig mehrere Aufforderungen, das Land zu verlassen, vorausgehen. Nicht nachvollziehbar ist, dass Deutschland nicht wenigstens diejenigen rasch abschiebt, die bereits im Gewahrsam der Behörden sind. Mehr als 15 000 Personen, die in Justizvollzugsanstalten sitzen, weil sie eine Freiheitsstrafe verbüßen, könnten rasch abgeschoben werden, ohne dass sie die Chance hätten, unterzutauchen und sich dem Zugriff der Behörden zu entziehen. Es ist die immer wiederkehrende Zuständigkeitsdebatte, die Passivität deutscher

Politik, die verhindert, dass Deutschland konsequent von seinen Möglichkeiten Gebrauch macht und bereits diejenigen, die in Gewahrsam sind, abschiebt. Und fest steht auch: Wer zu einer Freiheitsstrafe verurteilt wurde, hat regelmäßig schwere Straftaten verübt und gehört ohnehin abgeschoben. Zu diesem Verfahren gehört auch, dass die Strafvollstreckung im Heimatland obligatorisch angestrebt werden muss. Unsere Justizvollzugsanstalten brauchen dringend Entlastung, deshalb muss schon bei Haftbeginn ein solches Verfahren eingeleitet werden.

- Die Polizei muss ihr Personal kontinuierlich aufstocken. Die jetzigen höheren Einstellungszahlen sind vielerorts nicht einmal geeignet, die durch Pensionierungen entstandenen großen Lücken auszugleichen. Die im Koalitionsvertrag genannte Zahl von 15 000 neuen Planstellen ist gut und notwendig, ausreichend ist sie jedoch nicht. Stellt man die Anforderungen an Streifendienst, Kriminalpolizei, Verkehrspolizei, Bereitschaftspolizei, Objektschutz und Verwaltungskräfte realistisch zusammen, ergibt sich ein erheblich höherer Personalbedarf – 50 000 sind in den nächsten Jahren realistischer als 15 000.

- Dies gilt natürlich auch für die Justiz. Gerichte, Staatsanwaltschaften, Amtsanwaltschaften und Justizvollzug haben einen gigantischen Personalbedarf. Und damit nicht genug: Betreuer, Bewährungshelfer, Gerichtsvollzieher – die Liste ist lang. Der Staatsapparat der Jahrtausendwende ist durch Stellenabbau schlanker, aber auch schwächer geworden. Es muss Grenzen geben, die nicht unterschritten werden dürfen, wenn der Staat nicht funktionsuntüchtig werden soll. Genau das ist aber vielfach passiert. Und das rächt sich täglich.

- Die gesetzlichen Möglichkeiten im Kampf gegen Schwerkriminalität müssen verbessert werden. Ohne Beweislastumkehr geht es nicht. Auch hier gilt, dass getroffene Maßnahmen gut und notwendig waren, aber hinsichtlich der Gesetzgebung zu kurz gegriffen wurde. Sprecht endlich Klartext, dann bekommt man auch kriminelle Clans in den Griff! Es muss ungemütlich und wenig erträglich sein in Deutschland, wenn man sich dazu entschlossen hat, sein Geld mit Sozialleistungsbetrug und anderer Kriminalität zu verdienen. Wer in einer Parallelwelt lebt, darf nicht aus unserem Blick geraten, sondern muss den Rechtsstaat täglich spüren.

– Deutschland will überall in der Welt und in Europa mitspielen, schafft es aber nicht einmal, seine eigene föderale Struktur in ein wirkungsvolles Miteinander umzuwandeln. Wir brauchen eine neue Föderalismusreform, damit die gesetzgeberischen Missgriffe der Vergangenheit rückgängig gemacht werden. Daran müssen endlich auch Experten aus den jeweiligen Verwaltungsbereichen maßgeblich beteiligt werden.

– Es war eine der großen Fehlleistungen deutscher Politik, mit der Föderalismusreform, also einem Projekt der Zukunftsgestaltung, ausgerechnet ausgemusterte Politiker zu beschäftigen. Man kann nur erahnen, wie viele Millionen Arbeitsstunden dafür eingesetzt wurden und werden, dieses vermutlich schlechteste Gesetz deutscher Nachkriegsgeschichte umzusetzen. Aus dem deutschen Flickenteppich muss ein funktionierendes Gesamtgefüge werden, das nicht mit 16 Landesmeinungen und einer eher wirkungsarmen Bundesstimme durcheinanderredet, sondern mit einer gemeinsamen Position für Deutschland erfolgreich auftritt.

Polizei, Justiz, Justizvollzug, Bildungseinrichtungen alleine werden die gewaltigen Aufgaben, die unserem Land bevorstehen, nicht bewältigen können. Wenn noch verhindert werden soll, was sich schon andeutet, nämlich dass Deutschland abgekoppelt, abgehängt und aufs Abstellgleis der Geschichte geschoben wird, braucht es erheblich mehr Anstrengungen als bisher.

Wir brauchen eine starke Verwaltung, einen starken Staat eben, den angeblich jetzt alle wollen. Das fängt bei der Finanzverwaltung an, die für Steuergerechtigkeit und Durchsetzung von Gesetzen sorgt, und hört bei den Kommunen auf. Letztere müssen dauerhaft und verlässlich stark gemacht werden, sie sind der Grundpfeiler einer sicheren und lebenswerten Staatsarchitektur.

Kommunen sorgen für den unmittelbaren Lebens- und Erlebensraum von Menschen. Sie gestalten Umwelt, Wohnen, öffentliche Fürsorge. Eine gut funktionierende Gemeinde ist der Grundbaustein von Lebensqualität, Geborgenheit, Sicherheit. Unsere Politikerinnen und Politiker in Gemeinden und Städten haben hohe Anerkennung und gute Rahmenbedingungen verdient. Wer dort spart, spart am falschen Ende.

Unsere liberale Demokratie stark machen

Der starke Staat ist kein autoritärer Staat, der die Menschen belehrt, der andauernd Verbote ausspricht oder ihnen sagt, wie sie zu leben haben. Von dieser Sorte Politik gibt es in Deutschland leider genug. Mit der Vielfältigkeit politischer Parteien hat die Belehrungsdemokratie in Deutschland zugenommen.

Auch manche Medien sehen ihren Auftrag darin, die Plattform für die Vermittlung ausschließlich parteipolitisch definierter Moralvorstellungen zu liefern.

Es ist bemerkenswert, wenn jüngste Politfunktionäre ohne erkennbare Qualifikation oder Lebensleistung anderen Mitmenschen die Welt erklären und ihnen sagen, was richtig oder falsch ist. Manchmal sind es nicht einmal jugendliche Politfunktionäre, sondern nervende Teenager, die ihre Weisheiten und Ermahnungen zur besten Sendezeit verkünden. Und zwar auf den Sendern, die von den Beiträgen ihrer Eltern finanziert werden.

Der Widerspruch von Anspruch und Kompetenz ist häufig so signifikant, dass er Belustigung auslöst, aber die berechtigte Empörung über solche Anmaßungen vertieft die Gräben in unserer Gesellschaft.

Brauchen wir »politische Beamte«?

In Deutschland können Menschen ohne jegliche Berufs- oder Lebenserfahrung in Parlamente gewählt werden. Sie müssen auch keinerlei berufliche Qualifikationen oder Abschlüsse vorweisen. Das mag man im Einzelfall für schräg halten und kritisieren, aber unsere Verfassung lässt das zu.

Und man kann auch in hohe Staatsämter gelangen, ohne jemals außerhalb der Politik am Berufsleben teilgenommen und Erfahrungen von Menschen im normalen Leben der Bevölkerung gesammelt zu haben. Auch das lässt die Verfassung zu, die Abgeordneten sind ausdrücklich frei in ihren Entscheidungen.

Aber wenn unsere Demokratie nicht dauerhaft Schaden nehmen soll, müssen ihre Repräsentanten die Finger von Führungsfunktionen in der öffentlichen Verwaltung lassen. Hier geht es nämlich nicht darum, Parteien zu repräsentieren und Klientel zu »bedienen«. Hier sind Expertise, Fachwissen, Rechtssicherheit und parteipolitische Neutralität gefragt.

Deutschlands öffentlicher Dienst ist auch und gerade deshalb ein wichtiger Standortfaktor, weil seine Beschäftigten, ohne von parteipolitischen Erwartungen getrieben zu sein, einzig und allein nach Recht und Gesetz handeln und entscheiden. Dieser Mechanismus ist ein wichtiges Element des bewährten Berufsbeamtentums. Und auch die Tarifbeschäftigten des öffentlichen Dienstes respektieren diese staatstragende Haltung.

Das Instrument des »politischen Beamten« ist ein Fremdkörper in einem derartigen System. Während bestimmte Funktionen früher noch an formale Kriterien, beispielsweise an ein abgeschlossenes Jurastudium oder die Befähigung zum Richteramt, gebunden waren, reicht heute die Nähe zur Ministeriumsspitze, dieselbe Parteimitgliedschaft wie der Minister oder die Ministerin oder die »richtige« Gewerkschaftszugehörigkeit, um eine solche Position zu besetzen.

In der Vergangenheit sind solche Besetzungen in den meisten Fällen mit höchst respektablen und fähigen Persönlichkeiten erfolgt, die jahrelang korrekt innerhalb des Staatswesens ihre Pflicht getan haben. Für die allermeisten Ernannten ist dies der Höhepunkt ihrer beruflichen Karriere. Daher ist es inakzeptabel, dass heutzutage Spitzenfunktionen in der öffentlichen Verwaltung sozusagen zur freien Verfügungsmasse von Parteiinteressen geworden sind.

Wenn ein Landesminister völlig ungeniert gleich mehrere Behördenleiterinnen bzw. Behördenleiter innerhalb weniger Tage nach seinem Amtsantritt entlässt, um ihre Stellen mit anderen Personen zu besetzen, ohne dass es irgendeinen Zweifel an der Integrität und Zuverlässigkeit der bisherigen Amtsinhaber gegeben hätte, ist etwas faul. Solches Verhalten ist einer Demokratie unwürdig.

Spitzenfunktionen in der öffentlichen Verwaltung dürfen nicht länger das Privateigentum von Parteifürsten sein, das sieht das Bundesverfassungsgericht übrigens auch so. Deshalb hat es schon vor etlichen Jahren entschieden, dass nur die engsten Beratungskräfte an der Spitze eines Ministeriums »politische Beamte« sein dürfen.

Dieses Urteil wird seit Jahrzehnten ignoriert, im stillschweigenden Einverständnis der Parteien untereinander. Ist ja klar, nach der nächsten Wahl warten lukrative Posten auf die eigene Parteiklientel.

Wir haben erlebt, dass Jugendfunktionäre einer Partei über höchste Funktionen in einer Sicherheitsbehörde entscheiden können, ohne Schamgefühl, ohne Respekt vor dem Amt, ohne jeglichen Sachverstand. Weil dies in einer demokratischen Gesellschaft alles andere als zeitgemäß ist, sollte das Instrument des »politischen Beamten« auf beamtete Staatssekretäre begrenzt sein, die die politische Spitze des jeweiligen Ministeriums beraten. Bayern zeigt übrigens, dass ein Land auch ohne solche »Parteikarrieren« sehr gut, manche sagen sogar, noch besser funktioniert.

Unsere politischen Parteien haben die Pflicht, sich wieder der Gesellschaft zuzuwenden, von der sie einen Gestaltungsauftrag auf Zeit erhalten möchten. Die »Zuhörtour« der damaligen Generalsekretärin der CDU Annegret Kramp-Karrenbauer war der Versuch eines Dialogs mit der Basis ihrer Partei, der dort dankbar angenommen wurde. Dies gilt auch für die neuen Formen des »Bürgerdialogs«, etwa des sächsischen Ministerpräsidenten Michael Kretschmer. Gut besuchte Veranstaltungen mit Bürgerinnen und Bürgern, die mit dem Regierungschef und den Ministern diskutieren, und zwar auf Augenhöhe – richtig so.

Ob dies für den Fortbestand der politischen Volksparteien reichen wird, darf bezweifelt werden. Sie und die Parlamente im Bund und in den Ländern werden es künftig mit anderen Akteuren zu tun bekommen, die sich insbesondere in sozialen Netzwerken an die Menschen wenden und mit ihnen gemeinsam Aktionen organisieren und politischen Einfluss nehmen können.

Der Einfluss politischer Parteien insgesamt schwindet, weil Einzelne und organisierte Gruppen Geld und Medien nutzen können, um Menschen zu mobilisieren. Langfristige Organisationsformen werden sich vermutlich kaum daraus entwickeln, aber schon die Personalisierung und Projektbezogenheit von politischen Inhalten können Wahlergebnisse und Politikgestaltung unberechenbar machen.

Von einer gut entwickelten lebendigen Demokratie wird es abhängen, ob Wirtschaft und Lebensqualität in Deutschland erhalten bleiben. Dass unser Wohlstand auch von Investitionen in die Zukunft abhängt, ist eine Binsenweisheit. Deshalb machen die dargestellten ausufernden Diskussionen um eine Digitalisierungsoffensive für Deutschland viele Menschen so fassungslos.

Nach etlichen Jahren, in denen andere Staaten auf der Welt Deutschland längst meilenweit hinter sich gelassen haben, hatte die

Bevölkerung hierzulande den Eindruck, dass in Fragen der Digitalisierung endlich die notwendigen Schritte getan würden, um wenigstens die digitale Infrastruktur als ein Element wirtschaftlichen Fortschritts zu schaffen.

Wenn aber Digitalisierung in Deutschland und die Ausstattung mit schnellstem Internet auf demselben Niveau ablaufen sollen wie die Mobilfunkarchitektur, bleibt Deutschland abgehängt und ist auf dem Weg in ein digitales Entwicklungsland. Jedenfalls kann keinem Unternehmen zugemutet werden, seinen Betrieb in einem Land zu errichten, in dem Regierungsmitglieder eine solche Schicksalsfrage unseres Wohlstands derart lasch behandeln. Oder noch deutlicher: Ja, an jeder Milchkanne, notfalls in jeder Ackerfurche muss es das beste Internet geben, das verfügbar ist. Es darf keine Fortsetzung von unterschiedlich ausgestatteten Regionen, keine Täler der digitalen Dunkelheit geben. Und nein, die Schaffung einer hochmodernen digitalen Infrastruktur ist keine Aufgabe, die unser Staat mal wieder outsourcen und dem freien Spiel des Marktes überlassen darf.

So wie es seine Aufgabe ist, für ausreichende Infrastruktur in der Bildung, im Straßen- und Brückenbau, in der Sicherheit und in der öffentlichen Verwaltung zu sorgen, ist es Staatsaufgabe, dieses Projekt mit staatlichen Mitteln zu realisieren und zu sichern. Der Zug ist längst abgefahren in anderen Ländern, wir sehen nur noch die roten Rücklichter – oder schlimmer noch: Wir stehen schon auf dem Abstellgleis.

Es bleibt also die Mahnung und Aufforderung an diejenigen, die die Verantwortung für die Gestaltung von Gegenwart und Zukunft haben, diese Verantwortung besser als bisher wahrzunehmen.

Es gibt tolle Bilder, wenn man vermeintlich die Welt rettet und seine Rede vor der UNO an die Weltgemeinschaft richtet. Schönere jedenfalls, als wenn man eine Schule, eine Justizvollzugsanstalt oder Polizeiwache einweiht. Aber wenn der Standort Deutschland den Anschluss an die Weltspitze verloren hat, hilft uns die Welt wenig.

Für alle Landesregierungen gilt deshalb die Mahnung, über die Landesgrenzen hinauszublicken. Auch wenn die Eigenstaatlichkeit unserer Länder verfassungsrechtlich garantiert ist, ist niemand von der Pflicht entbunden, gesamtstaatliche Interessen zu berücksichtigen. Für die Bundesregierung heißt dies, dass der Blick auf die Welt und Europa nicht der einzige sein darf. In einer globalisierten Welt erliegt man offenbar rasch der Versuchung, alle Probleme anderer Staaten lösen zu wollen, weil man mit sehr dunklen Abschnitten der Geschichte des eigenen Landes auch eine große internationale Verantwortung spürt. Diese Verantwortung gibt es auch.

Aber vor allem gibt es die Pflicht, endlich wieder jenes Land in den Blick zu nehmen, das gerade von sämtlichen Entwicklungen abgehängt wird und dessen Zukunft auf dem Spiel steht.

Man nennt es Deutschland.

250 Seiten
19,99 € (D) | 20,60 € (A)
ISBN 978-3-7423-0986-0

Burkhard Benecken

Schreiend ungerecht

Alltägliche Justizskandale in Deutschland – wie sich das System gegen Unschuldige und Opfer richtet

Wahre Fälle, die zeigen, wie schlecht es um unser Rechtssystem bestellt ist

Immer mehr Menschen verlieren das Vertrauen in die Justiz: Urteile, heißt es, fallen zu milde aus, Täter werden nicht mit Nachdruck verfolgt und Unschuldige leichtfertig zu Tätern erklärt – nur um einen Schuldigen zu präsentieren und das Verfahren abzuschließen.

Anhand von elf wahren Fällen legt der bekannte Strafverteidiger Burkhard Benecken dar, was sich tagtäglich in unseren Polizeirevieren, Rechtsanwaltskanzleien und Gerichtssälen Unfassbares abspielt. Ob Beamte, die Zeugen eines Verbrechens raten, lieber keine Aussage zu machen, oder Anwälte, die von Richtern wirtschaftlich abhängig sind und dafür die Interessen ihrer Mandanten verkaufen – diese Fälle machen auf beängstigende Weise klar, wie schreiend ungerecht es in Strafverfahren zugeht und was man tun muss, um nicht selbst Opfer einer immer willkürlicher agierenden Justiz zu werden.

Ein aufrüttelndes Buch. Ein Buch, das den Justizopfern endlich eine Stimme gibt.

Stephan Zantke

»Wenn Deutschland so scheiße ist, warum sind Sie dann hier?«

Ein Strafrichter urteilt

208 Seiten
16,99 € (D) | 17,50 € (A)
ISBN 978-3-7423-0720-0

Stephan Zantke

„Wenn Deutschland so scheiße ist, warum sind Sie dann hier?"

Ein Strafrichter urteilt

Amtsgericht Zwickau, Ende 2017: Als sich ein Flüchtling aus Libyen wegen Gewalt- und Beleidigungsdelikten vor Gericht verantworten muss und über »Scheißdeutschland« schimpft, fragt ihn der Amtsrichter Stephan Zantke: »Wenn es bei uns so scheiße ist, warum sind Sie dann hier?« Dieser Satz macht Zantke über Nacht berühmt. Bringt er doch auf den Punkt, was längst Alltag in deutschen Gerichtssälen ist: dass der Respekt vor Justiz und Staat immer mehr verloren geht.

In diesem Buch berichtet Zantke von seinen drastischsten Fällen und gibt Einblicke in deutsche Parallelwelten und kriminelle Milieus. Er zeigt, wie nah uns das Verbrechen eigentlich ist. Und wie machtlos der Staat oftmals bleibt. Der Richter wirft einen schonungslosen Blick auf eine überforderte Justiz und Kriminelle, die sich die Schwäche des Staates zunutze machen. Eine nachdenklich stimmende Analyse. Und ein Plädoyer für ein überfälliges Umdenken.